AF360222

AN EIGHTEENTH CENTURY HISTORY OF NORTH INDIA

AN EIGHTEENTH CENTURY HISTORY OF NORTH INDIA

An Account of the Rise and Fall of the Rohilla Chiefs in *Janbhasha* by Rustam Ali Bijnori

Edited by

IQTIDAR HUSAIN SIDDIQUI

MANOHAR
2005

First published 2005

© Iqtidar Husain Siddiqui, 2005

All rights reserved. No part of this publication may be reproduced or transmitted, in any form or by any means, without the prior permission of the editor and the publisher

ISBN 81-7304-562-3

Published by
Ajay Kumar Jain for
Manohar Publishers & Distributors
4753/23 Ansari Road, Daryaganj
New Delhi 110 002

Printed at
Lordson Publishers Pvt Ltd
Delhi 110 007

Preface

Rustam Ali Bijnori's account of the rise and fall of the Rohila chiefs in the region of Katehar (modern Rohilkhand in western UP) is not only a contemporary work but also an early example of vernacular chronicle. It is the earliest history written in the dialect called Hindwi out of which evolved the modern Urdu and Hindi languages. Being a specimen of written Hindwi, it serves as a useful source in tracing the origin and progress both of Urdu and Hindi prose literature.

No doubt, the central character is Ali Muhammad Khan, the adopted son of Daud Khan Rohila, an emigrant adventurer from Roh (the ancestral homeland of the Afghan tribes), but the work is richly informative in a much wider sense. It is enlivened by short anecdotes, at times heroic and sometimes more down to earth, about other participants such as Nawab Dunde Khan, Najib ud-Daula, his son, Zabita Khan and the Bangash nawabs of Farrukhabad, besides Hafiz Rahmat Khan. It clearly depicts the privations and sufferings of ordinary people caused by the Marathas, Safdar Jung, invasions of Ahmad Shah Abdali and the Anglo-Rohila war of 1774. Rustam Ali Bijnori also displays remarkable knowledge of contemporary weapons of war such as *bans* (rockets), different types of artillery along with the traditional sword, spear and arrow. Being both a literary artefact and a historical record, it throws up new evidence in support of the progress of Urdu and Hindi languages and offers a much needed counterbalance to the Persian histories that display a partisan character. The discovery of this work is important for scholars of Urdu/Hindi literature as well as historians.

24 August 2003
Aligarh

IQTIDAR HUSAIN SIDDIQUI

Introduction

The history of the decline of the Mughal Empire during the eighteenth century is marked by a struggle for political power among the governors, land potentates (big zamindars) and other adventurers. The dwindling financial resources of the Empire made it difficult for the emperor to maintain the grandeur of his court. Scholars, poets and men of talent who depended on royal patronage for their livelihood were forced to move to the provincial headquarters where the *subedars* had become independent for all practical purposes. These new rulers not only retained the existing system of governance, but also emulated the great Mughal emperors in promoting culture. Even the Rohila chiefs who had come to India as adventurers in search of fortune and established their rule over the fertile region of Katehar did not lag behind in this respect. Though the Rohilas had no pretensions to learning and aristocratic culture, they adopted the best of the Mughal culture and polity within a short time. They evinced interest in founding educational institutions in towns and cities, patronized men of learning and arts and instituted welfare measures for the benefit of the people they ruled. It was the prosperity and resourcefulness of their territory that enticed the nawabs of Awadh to destroy the Rohila chiefs and annex their territory to Awadh. Safdar Jung suffered a humiliating defeat and died a frustrated man. His successor, Shuja ud-Daula first established friendly relations with the Rohila chief, Hafiz Rahmat Khan and then destroyed his power with the help of the British army. Following the annexation of Katehar to Awadh, Shuja ud-Daula utilized the services of the British army officers stationed at Katehar to keep the people there under control. The English officers posted in the captured territory were apparently impressed by the popularity of the Rohila rulers among the people. The people of Katehar had prospered under their care. A British officer in Daranagar commissioned Rustam Ali Bijnori, who was employed to teach him Hindi/Urdu dialect to compile the history of the rise and fall of the Rohilas.

A word may be added about Rustam Ali Bijnori. As his name suggests, his hometown was Bijnore in Katehar (now headquarters of the district of Bijnore). No *tazkira* (biographical dictionary) of the eighteenth or nineteenth century Urdu poets and writers yields any information about him. It may, however, be stated on the basis of his history that he belonged to an *ashraf* (elite) family of the town and may have been rendered jobless after the collapse of the Rohilas in 1774. Two years later, he was employed by John Haurs Ford, an officer in the British army popularly called by Indians, Spat Sahib Bahadur to teach him 'Hindi/Urdu'. Though he felt secure and was relieved of the worry of livelihood, he could not use harsh language against Safdar Jung and Shuja ud-Daula for their treachery against the Bangash nawab of Farrukhabad and Hafiz Rahmat Khan Rohila because Katehar had been annexed to Awadh and witch-hunting had begun. The land grantees were deprived and left without any means of livelihood. Rustam Ali's nostalgia is discernible in his work written between the lines. It may be added that he was a non-Afghan shaikhzada free from Afghan chauvinism. He was able to produce a history of Katehar under the Rohila chiefs without any pro- or anti-Afghan bias. The rejection of unnecessary details even for the sake of embellishment make his work unique in the history of history writing in pre-modern India.

However, Rustam Ali's compilation is the earliest work on the rise and fall of the Rohila chiefs of Katehar. Unlike him, other contemporary writers associated with the nawabs of Awadh, the Mughal court at Delhi or even Warren Hastings failed to write objectively. Their works were written in accordance with the likes and dislikes of their patrons, portraying the Rohilas in a poor light. Their narratives read as official history while Rustam Ali's history is non-official history, marked by objectivity in his approach. In highlighting its comparative value, it is worthwhile to briefly analyse the approach of a few important writers whose works also contain information on the Rohila rulers. The first work is the *Siyar ul-Mutakhirin* compiled by Ghulam Husain Tabatabai, an Irani by origin. His father Hidayat Ali was related to Ali Wardi Khan Mahabat Jung, the *subedar* of Bihar and Bengal. Initially, Hidayat Ali served Ali

Wardi Khan in Patna. In 1746 he left for Delhi to join Ghazi ud-Din Khan Firuz Jung. The latter sent him to Bareilly to manage his *jagir* there. Following the return of Ali Muhammad Khan with his Rohila army from Sirhind in 1748, he found the situation uncontrollable and returned to Delhi. Ghulam Husain also served under Saulat Jung, the son-in-law of Ali Wardi Khan in Bihar till 1756. In 1759, he joined Prince Ali Gauhar (later Shah Alam II) when the latter was struggling to seize Bihar and Bengal. Upon Shah Alam's failure, Ghulam Husain acted as liaison between the Indian rulers and the English officers of the East India Company. He won over many English officers. Warren Hastings liked him for his ability to write Persian prose in a beautiful style.[1] His *Siyar ul-Mutakhirin* covers the history of India from 1707 to 1781. As his father was driven away by the Rohilas from Bareilly in 1748, they are not given a fair treatment in his work. The similar is the case with the writers associated with the nawabs of Awadh and Shah Alam II.

In contrast to the above-mentioned histories, the writers associated with the Bangash nawabs of Farrukhabad are more objective in their narration of historical events. Among them, Newal Rai and Hussam ud-Din Gwaliori describe the events of their times briefly in the *Tarikh-i-Ahmad Khani* and the *Tarikh-i-Muhammad Khani* respectively. After them Saiyid Muhammad Waliullah compiled the *Tarikh-i-Farrukhabad* that contains a detailed account of the Bangash nawabs and their relations with the Mughal court at Delhi and other contemporary rulers. The *Gulistan-i Rahmat* compiled by Nawab Mustajab Khan, the son of Hafiz Rahmat Khan in 1792-3, is a detailed biography of Hafiz Rahmat Khan. In this work only Hafiz Rahmat Khan's achievements are highlighted whereas those of the other Rohila chiefs are almost ignored. Daud Khan who laid down the foundation of Rohila power in Katehar, is described as the murderer of his master, the father of Hafiz Rahmat Khan.[2] In 1833-4, Muhammad Sa'adat Yar Khan, the nephew of Mustajab Khan, completed his *Gul-i Rahmat*, an enlarged version of the *Gulistan-i Rahmat*. Besides these works, the memoirs of Tahmas Beg Khan also contain interesting details about the events related to the history of Rohila chiefs. The author served in the army of Muin ul-Mulk in the Panjab and then joined successively the service of Zabita Khan and Najaf Khan. Though his work is largely a personal narrative, it contains an account of the events in which he was involved or to which he was an eyewitness. It is noteworthy that in his memoirs, *Tahmasnama*, whatever information has been given has corroborative importance. The details furnished by him about Najib ud-Daula's relations with the Maratha chiefs and Hafiz Rahmat Khan's relations with Shuja ud-Daula corroborate the unbiased account of Rustam Ali Bijnori.[3] According to Tahmas Beg Khan, Shuja ud-Daula deceived the Rohila chiefs. All of them were assured of a fair deal. Zabita Khan was promised the territory of Hafiz Rahmat Khan for his support, but all of them suffered after the fall of Hafiz Rahmat Khan. Zabita Khan was able to save himself from the tyranny of Shuja ud-Daula by seeking refuge under Najaf Khan.[4]

Of all the histories compiled during the latter half of the eighteenth century, Rustam Ali's history is an objective account. Every man who played a historically important role has been portrayed impartially. It also provides insights into the social relation between members of different religious communities and ethnic groups, the rivalry between the Turani and Irani nobles at the court in Delhi, the role of zamindars in various territorial divisions of Katehar.[5] The verbal portraits of important persons are authentic as substantiated by the circumstantial evidence from other sources. For example, Najib ud-Daula, who rose from the position of a *sawar* to that of a high *mansabdar* of the Mughal emperor, is presented as a man with leadership qualities. Rustam Ali has gone to great lengths to verify the authencity of evidence he collected about any historical event. The new administrative terms that were introduced during the latter half of the eighteenth century are mentioned along with the old ones that were still in use. It contains references to the *sarkar* (an extensive territorial unit) and *zila*[6] (district) indicating that the vast *sarkars* were divided and reorganized into smaller units for administrative convenience and economic development. Moreover, in every principality a large number of nobles of high ranks were trusted with the charge of a separate unit called a *zila*, independent of each other. Thus, the *zila* of north India was not the creation of the British administration. The other important term introduced during this period is *jaidad* instead of *jagir*.[7]

Rustam Ali Bijnori begins his account with Daud Khan, the founder of Rohila power in Katehar. He was a slave of Hasan Khan

Bharaich, one of the Rohila chiefs. He ran away in his youth and joined the army contingent of Nasir Jung, the Mughal *mansabdar*, posted in Peshawar. Daud Khan managed to save Rs. 2,000 over a period of two years and decided to try his luck in Delhi. He purchased horses and arrived in Delhi. After a few months in Delhi, he went to Shahabad where the local chief, Raja Madhkar, popularly known as Madar Shah employed him. Impressed by his courage and martial qualities, the raja encouraged him to recruit soldiers and organize a force. Daud Khan employed around 200 or 300 soldiers and suppressed the anti-social elements in his zamindari (feudal estate). He also forged friendly relations with the raja of Kumaon by sending him expensive gifts. After the death of Raja Madhkar, he went to Almora and joined the service of Raja Deep Singh of Kumaon. Raja Deep Singh entrusted him with the charge of the entire territory in the foothills of Kumaon hills, yielding Rs. 13,00,000 per annum.

As he did in Shahabad, Daud Khan saved the peasants and other inhabitants from the rebel zamindars and restored peace and order. People were impressed by the new Rohila administrator. His army increased in strength as between 2,000 and 3,000 Rohilas joined him. With prior support, Daud Kan attacked the hostile zamindars in the neighbouring region who raided the villages under his charge and carried away animals. One of the powerful zamindars was Raja Khem Karan of Bankoli. In an attempt to take the enemy by surprise, Daud Khan sent a spy of Bankoli to gather information about the resources of the zamindar as well as an appropriate time to attack the village. The spy reported that on the occasion of the festival of Holi, the raja and his followers drank too much and remained preoccupied with the festivities. He adviced that the village should be attacked on Holi. Daud Khan heeded this advice and the Raja, unable to defend himself, was defeated; a huge booty fell into his hands. Thirty-two persons were captured, including a young Jat boy, named Prem Singh. A verbal portrait of the young prisoner is presented by Rustam Ali Bijnori:

> A young boy Jat by caste, aged ten or eleven years, sweet-tongued, very handsome of white and red complexion was also included among the prisoners. Daud Khan looked at him, felt compassion and called him near. He spoke to him and was so pleased that he adopted him as his son. He was circumcised and renamed as Ali Muhammad Khan.

We are also informed that a competent teacher was employed to teach him to Arabic and Persian languages, the Koran and familiarize with the fundamentals of Islam, besides horse riding, arrow shooting, swordsmanship and the use of firearms.

Endowed with exceptional intelligence, Ali Muhammad Khan acquired proficiency in Arabic and Persian languages, horse riding and the use of different types of weapons. He displayed his leadership qualities and Daud Khan declared him his heir instead of his own son, Muhammad Khan. The followers of Daud Khan accepted him as their leader, second in command. He endeared himself to everyone. Religiously inclined, he looked after all those who worked under him and sympathized with the destitute, particularly the dervishes. The zamindars and the peasants were happy and cooperated with him.

Rustam Ali's account of the estrangement between the raja of Kumaon and Daud Khan and the latter's murder though treachery is brief. According to him, Daud Khan's popularity among the people and his hold over the territory made the raja jealous of him. The raja thought that if he was not unseated soon, it would be difficult to dislodge him after a few years. He consulted Joshi, his diwan, who resided in the foothills. The diwan adviced the raja to reinforce him. Following the arrival of a few hundred soldiers from Almora, Daud Khan was treacherously murdered. Details about Ali Muhammad Khan joining the service of Nawab Azmatullah Khan, the nazim of Moradabad, are supplementary and corroborative.

Similarly, Rustam Ali's narrative contains interesting information about the rivalry between the Turani and Irani nobles at the court in Delhi that contributed to the rise of Rohila power in Katehar. Wazir Qamar ud-Din Khan, the leader of the Turani faction, and his Irani rivals, Umdat-ul Mulk Amir Khan and Safdar Jung, held *jagirs* in Katehar which were managed by their lieutenants. Nawab Azmatullah Khan looked after the *jagir* of the wazir while the *jagir* of Amir Khan in the *chakla* of Bareilly was managed by Danish Khan Mahli (the eunuch general). These lieutenants encouraged the zamindars to plunder the villages in the *jagirs* of their rivals. Jagjit Singh, the powerful zamindar of Aonla, was sub-servient to Danish Khan Mahli and plundered the villages in the *chakla* of Moradabad. Ali Muhammad Khan who had joined the service of Nawab Azmatullah

Khan was assigned the responsibility to maintain peace and order in the countryside. On the death of Nawab Azmatullah Khan, his son, Nawab Moin ud-Din Khan succeeded him as the nazim of Moradabad. The latter ordered Ali Muhammad Khan to deal with Jagjit Singh. Ali Muhammad Khan marched against Aonla. Danish Khan Mahli came to the rescue of Jagjit Singh. A fierce battle ensued in which Danish Khan Mahli was killed. Jagjit Singh escaped to his fortress in Aonla. Ali Muhammad Khan captured him and put him to death. Aonla became the headquarters of the Rohila army.

Following the death of Nawab Moin ud-Din Khan, Ali Muhammad Khan was apparently encouraged by the Wazir to seize the *jagir* of Amir Khan and establish his control over the entire region. It was during the period that Hafiz Rahmat Khan and other Rohilas were invited to join him. In response, Hafiz Rahmat Khan, the son of Hasan Khan Bharaich, Dunde Khan, Painda Khan, Badu Khan, Satar Khan and Parmol Khan arrived in Aonla on foot. Ali Muhammad Khan gave these Rohila Pathans money, horses and important ranks in his army. Each of them was given a number of villages so that they could employ soldiers and horses. Within a short time, Ali Muhammad Khan headed an army of 10,000 *sawars* and footmen. He seized Kashipur town and the entire territory in the foothills, belonging to Raja Deep Singh of Kumaon. The occupation of Katehar by the Rohilas provided Amir Khan an opportunity to install a new nazim of Moradabad for their destruction. Emperor Muhammad Shah was persuaded to appoint Raja Harnand as the nazim of Moradabad and he was sent from Delhi at the head of 20,000 *sawars* and matchlock men. The zamindars of the region were also directed to join him with their forces. Raja Mahander Singh of Shahabad, Raja Narpat Singh of Pipli and others joined Raja Harnand with more than 10,000 soldiers. Raja Harnand encamped outside the town of Chandausi where Ali Muhammad Khan had prepared to meet him. Skirmishes between the two sides continued for ten or eleven days and then the battle began. The royal army was put to rout, in spite of their numerical superiority. Harnand, his son Moti Lal, Abdul Nabi Khan and Dalail Khan, the royal *mansabdars* were killed and their baggage and artillery was looted by Ali Muhammad Khan. After this victory, the Rohilas brought the *parganas* in the *chaklas* of Bareilly, Moradabad, and the zamindaris of the defeated zamindars such as of Shahabad, Naroli and Manona under their control. The annual yield of this region was Rs. 50,00,000.

Having established his control over Katehar, Ali Muhammad marched against Almora to seek revenge for the murder of Daud Khan. He entered the mountains of Kumaon at the head of 10,000 *sawars*. He faced much difficulty finding the route to Almora and on his approach, the raja was seized with panic. He escaped leaving his treasure and all else behind. The people of Almora followed suit. Ali Muhammad Khan entered Almora the following day and occupied it. In the raja's palace they found Rs. 35,00,000, besides gold and silverware. Similarly, they found enough money and expensive things in the people's houses. Ali Muhammad Khan stayed there for two months and then made peace with Umaid Singh (of Garhwal). The latter accepted his suzerainty.

On his return to Aonla, the strength of his army increased to 50,000 fighters who possessed all the necessary weapons, including artillery. According to Rustam Ali, Ali Muhammad Khan's conquest of Almora disturbed the Mughal court. Emperor Muhammad Shah decided to quell him without further delay but the news of Nadir Shah's invasion of India in 1738 diverted his attention and he began to make preparations for the defence of the Empire.

The details of Nadir Shah's invasion, his entry into Delhi and his subsequent return to Iran have been described very briefly because the author's purpose was to focus attention on its aftermath concerning the Rohilas in Katehar. As the Turani nobles were suspected of playing a dubious role in dealing with Nadir Shah, Emperor Muhammad Shah trusted the Irani nobles and listened to their counsel. Taking advantage of the changed situation, Safdar Jung and Amir Khan, the Irani ministers at court, persuaded the emperor to lead in person a military expedition against the Rohilas. The wazir was accused of being in secret alliance with the Rohilas. The emperor took him to Katehar much against his wishes. Upon hearing the news of the approach of the emperor at the head of the royal army, Ali Muhammad Khan along with his army sought refuge in the Bangadh fort in the foothills, surrounded by a dense forest. They were besieged but were able to inflict heavy losses on the royal army by employing hit and run tactics for a few months. Finding the emperor weary and desirous to return to Delhi, the wazir (who wanted to save Ali Muhammad Khan) suggested that he would persuade the Rohila chief to pay obeisance to the emperor and seek pardon, in case he was assured of kind treatment. Muhammad Shah agreed to the suggestion.

Ali Muhammad Khan was brought to Delhi and remained a guest of the wazir. After a year, he was appointed the faujdar of the *sarkar* of Sirhind with the royal title of Nawab Ali Muhamad Khan. He proceeded to Sirhind with 10,000 *sawars* and suppressed Alah Singh, the rebel zamindar of Patiala and restored peace and order in the entire *sarkar*. He governed it from 1745 to 1747. In 1747, when Ahmad Shah Abdali invaded India and marched towards Sirhind, Ali Muhammad sent his two sons to assure him of his loyalty and left with his army for Katehar without seeking permission from the Mughal emperor. Before describing Ali Muhammad's flight from Sirhind, Rustam Ali narrates the arrival of the royal army under the command of Crown prince Ahmad Shah (son of Emperor Muhammad Shah) accompanied by Wazir Qamar ud-Din Khan and Safdar Jung. The Mughal army faced the enemy near Sirhind. The wazir was hit by a shell but the enemy was defeated and forced to retreat. The Crown prince and his followers were still in pursuit that they received the news of the death of Emperor Muhammad Shah in Delhi. Safdar Jung declared the Crown prince the emperor while the latter appointed him the wazir in place of Qamar ud-Din Khan. Having given all these details, Rustam Ali turns his attention to the restoration of Rohila authority in Katehar.

On his return to Katehar, Ali Muhammad Khan left the women and children in Kashipur and marched against Chhatar Bhuj Khatri, the nazim of Moradabad. Chhatar Bhuj fled in panic to Delhi. Ali Muhammad Khan reoccupied the *chakla* of Bareilly, the *sarkars* of Badaon and Sambhal and the *parganas* of Chalkiya, etc., that had previously formed part of the territory of the raja of Almora. Only six or seven *parganas*, such as Sherkot that were part of the *jagir* of Safdar Jung were not seized. He organized an army of over 30,000 *sawars* and strengthened it by adding artillery and other armaments, necessary for a powerful ruler. Every one of the Rohilas who had come on foot became a commander of an army contingent with land to maintain it. Hafiz Rahmat Khan was given in *jaidad* Pilibhit, Bareilly and a few *parganas* of Badaon *sarkar*, yielding Rs. 14,00,000 per year. Dunde Khan received Moradabad, Naroli and Kashipur in *jaidad*, yielding Rs. 12,00,000. Sardar Khan Bakhshi was granted the *jaidad* of Rs. 9,00,000, consisting of Asadpur, Bhajoi and Ali Gunj *parganas*. Fath Khan Khansaman was given a *jaidad* of Rs. 7,00,000. Muhammad Khan, the son of Daud Khan, received Baroli *pargana* and a few villages. Other petty Rohila officers were given villages in accordance with their ranks. He then discusses the illness of Ali Muhammad Khan.

Day and night Nawab Ali Muhammad Khan kept himself pre-occupied with the affairs of the government. But no one is aware of what the Divine will is: one is not sure whether one's first step would be followed by the second one. As destined, all of a sudden Nawab Ali Muhammad Khan fell ill and suffered from delirium tremens. The physicians, experts of Greek method of treatment and also that who had specialized in Hindustani method gathered to treat him. Every one tried his level best but in vain. His condition deteriorated day by day.

Following his death, Hafiz Rahmat Khan manoeuvred to become the leader of the Rohila chiefs. Though Rustam Ali was impressed by Hafiz Rahmat Khan's personality, yet he did not fail to describe his weaknesses, if any.

Rustam Ali's account of the short-lived reign of Emperor Ahmad Shah, is fulsome. Herein, we can observe his sense of history writing as revealed by his description of historical events that took place during the *wizarat* of Safdar Jung. Since he wrote at the behest of an English officer who held his military post on behalf of the nawab of Awadh, he did not think it wise to describe the treacherous methods used by the wazir against the Rohila Pathans in plain words. Therefore, he writes between the lines and builds up criticism of Safdar Jung and Shuja ud-Daula in the praise of the Rohilla chiefs of Katehar and the Bangash nawab of Farrukhabad. The portraits of Nawab Qai'am Khan Bangash, Hafiz Rahmat Ali Khan and Dunde Khan have been faithfully presented.

Nawab Qai'am Khan Bangash, entitled Ghaznaffar Jung of Farrukha-bad was a loyal *mansabdar* of the emperor. He received the royal *farman* to destroy the Rohilas in Katehar and was promised the grant of Katehar as reward. The Bangash nawab started out with 1,00,000 fighters and artillery. The Rohilla chiefs pitched their camp outside Badaon. Hafiz Rahmat Khan wrote to the Bangash nawab: 'You are the leader and Chief of all the Pathans. We are your subservient followers. We are not at all interested in ruling over the country. We shall seek forgiveness if *jaidad* (maintenance-land) would be assigned to us.' In his reply Nawab Qai'am Khan said that the only promise he would make was that they would be taken to Shahjahanabad (Delhi) alive. Thereupon the Rohila army was divided in two sections: one was under Hafiz Rahmat Khan and the other was under the command of Dunde Khan, Sattar Khan and Said Khan. Well armed with artillery, they and their followers took cover in a millet field, Hafiz Rahmat Khan took his position some distance from the Bangash camp. The following day when Qai'am Khan arrived on an elephant accompanied by 3,000 horsemen for the hunt, he saw Hafiz Rahmat Khan standing in his way. He attacked Hafiz Rahmat Khan who fled in the direction of the millet field with Qai'am Khan pursuing him. Dunde Khan instructed his men not to shoot any canon or *ban* unless they were ordered to do so. Dunde Khan ordered them to rain artillery shells and *bans* as soon as Qai'am Khan was with in shooting distance. He was hit by a shell on his chest and fell down dead. His men took to flight and the Rohilas emerged victorious.

After the death of Qai'am Khan, his family members were tyrannized by Safdar Jung. According to Rustam Khan, after the fall of the Bangash nawab, the emperor and Safdar Jung crossed the Jamuna along with other leading nobles to seize the wealth and territories from Qai'am Khan's family. They halted at Kol (modern Aligarh).

Abdul Majid Khan Kashmiri, the *diwan* of *Khalsa* was ordered by the Emperor on the advice of Safdar Jung to proceed to Farrukhabad. The servants of Qa'iam Khan, Shamsher Khan, Zulfiqar Khan, Azam Khan, the brothers and nephews and the mother (of Qai'am Khan) said: we are the servants and loyal to the King but the Nawab Wazir Abul Mansur Khan (Safdar Jung) is our sworn enemy, it is not safe to pay visit.

Swearing by the Koran, Abdul Majid Khan assured and persuaded them to obeisance to the emperor and seek royal favour. God Willing, your territory (i.e. *jagir*) would be restored as it was done previously to Qai'am Khan. Assured of their safety, they set out with gold and silver coins, trays laden with jewels, elephants and horses as a tribute to the emperor. After accepting the gifts, the wazir who was the de facto ruler, reminded the emperor: the history tells that the Pathans had been the enemies of the Empire and, therefore it was not in the interest to leave them free. His Majesty accepted the advice and allowed the wazir to arrest all of them. After their arrest, the emperor and the wazir returned to Delhi. The towns of Marhera, Kasgunj and other *parganas* of Farrukhabad were plundered and Raja Newal Rai who held the charge of Awadh on behalf of the wazir, Safdar Jung was sent to Kanauj to control the seized Bangash territory.

Rustam Ali's narrative sheds light on the popularity of the Bangash rulers in the region. Public opinion was outraged because of the high-handedness of the wazir. The Pathans having been driven to the wall revolted, accepted Ahmad Khan, the brother of Qai'am Khan who was lame as their new nawab, fought and killed Raja Newal Rai and Muhammad Suleh, the Saiyid of Barah. The tactics adopted by the Bangash Pathans in their battle have been graphically described in the narrative. The Pathans rounded up around 6,000 or 7,000 buffalos, cows and bulls and let them loose when the enemy charged at them. As the first round of artillery was fired, the animals were hit by the shells and killed. Before the second round could be fired, the Pathans moved with great speed, fell on the artillery and seized it. Mir Muhammad Suleh made a bid to defend the artillerists but was surrounded and killed. Newal Rai was also killed and his head chopped off. The Pathans captured a huge booty including artillery.

The defeat suffered by the lieutenants of Safdar Jung dealt a severe blow to his prestige. In an attempt to regain his honour, he invited Suraj Mal Jat, the powerful raja of Bharatpur and other allies. Along with them he set out from Delhi to fight against the Pathans. His army was defeated and he made good his escape because the Pathans believed that he had been killed on the battlefield and did not go in his pursuit. Desperate, he invited the Maratha chiefs by paying them huge sums of money. Supported by the Maratha army, he again marched against the Pathans. This time the Bangash Pathans appealed to the Rohilas of Katehar in the name of Pathan's honour and the latter responded by joining forces with them. Faced with heavy odds, they bribed Nawab Javed Khan (the eunuch courtier of the emperor) and the Maratha chief, Malhar Rao. Both of them pressed Safdar

Jung to make peace. Safdar Jung was thus constrained to make peace and returned to Delhi without achieving his objective. Back in Delhi he plotted the treacherous murder of Nawab Javed Khan. Javed Khan's murder led to a conflict between the emperor and the wazir.

The narrative graphically describes the defeat of Safdar Jung and his retreat to Awadh, the circumstances that facilitated Najib Khan Rohila's rise to a leading *mansabdar* of the Mughal emperor, the granting of Safdar Jung's *jagir* to him in Katehar, the rise of Imad ul-Mulk, the murder of Ahmad Shah and the accession of Alamgir Sani to the throne, the invasion of Ahmad Shah Abdali of Afghanistan, the third battle of Panipat and the fall of the Rohila power in Katehar.

The last part of the work focuses on the appointment of Najib ud-Daula by Ahmad Shah Abdali as the regent of Shah Alam II in Delhi, the conflict between Najib ud-Daula and Suraj Mal Jat, the latter's murder in the battle, the end of Najib ud-Daula, the return of Shah Alam Badshah from Allahabad to Delhi, the war between the Rohilas and the Marathas and the fall of the Rohilas in Katehar. Writing between the lines, Rustam Ali hints at Shuja ud-Daula's treachery and the involvement of the British army against the Rohilas as contributing to the defeat of Hafiz Rahmat Khan. He adds that Shuja ud-Daula won over the confidence of the Rohila chiefs by having a secret understanding with them, but all of them were eventually betrayed. Before the battle began, the Rohila chiefs separated themselves from the main camp and all of them, except Hafiz Rahmat Khan secretly exchanged letters with the nawab wazir. On the fall of Hafiz Rahmat Khan, the Rohila chiefs accompanied Nawab Faizullah Khan to Lal Dang, situated in the foothills of the Himalayas. On the persuasion of Colonel Champion, Shuja ud-Daula made peace with Faizullah Khan. A few *parganas*, including Rampur and Shahabad, were given to him. The annual yield from these *parganas* was Rs. 21,00,000. Nawab Faizullah Khan was made subservient to Muhammad Bashir Khan who was appointed by Shuja ud-Daula as the *nazim* of Katehar with full powers. Shuja ud-Daula returned to Faizabad where he died soon after.

To conclude, the approach adopted by Rustam Ali to the history of the Katehar region is characterized by a great degree of maturity, which sets him apart from his contemporaries who wrote in Persian language. Contemporary Indo-Persian historians have a partisan attitude to which Rustam Ali's narrative, written in Hindi/Urdu, offers a much needed counterbalance. It would not be an overstatement to include Rustam Ali among those great medieval historians of India who could write from a purely historical perspective. His work does not contain irrelevant details but only those of historical significance. The beauty of his style lies in brevity and pithy sentences. It is also noteworthy that its discovery enables us to trace the origin of history writing in Hindi/Urdu as well as the progress of prose writing in Hindwi.

NOTES

1. Ghulam Husain Tabatabai, *Siyar ul-Mutakhirin*, vol. II, p. 573; vol. III, pp. 129, 948.
2. Nawab Mustajab Khan, *Gulistan-i-Rahmat*, MS, Maulana Azad Library, Aligarh, no. 180/96, f. 11b.
3. Muhkam ud-Daula Itiqad Jung Tahmas Beg Khan Rumi, *Tahmasnama*, ed. Muhammad Aslam, Lahore, 1986, pp. 283-4.
3. Ibid., pp. 304-5.
4. Ibid., p. 306.
5. The zeroxed copy of the work was made available by Qazi Arif Husain in 1989. He has earned the gratitude of the scholars interested in medieval Indian history and culture. In view of its historical value, we have prepared its critical edition along with a critical introduction and notes.
6. Like Rustam Ali, his contemporaries, who wrote in Persian refer to the newly carved out districts as *zilas*. Cf. Qaim Chandpuri, *Makhzan-i-Nikat*, ed. Maulvi Abdul Haque (Aurangabad, n.d.), pp. 49, 71; *Tahmasnama*, op. cit., pp. 342, 345; also Iqtidar Husain Siddiqui, *Medieval India: Essays in Intellectual Thought and Culture* (Manohar, New Delhi, 2003), p. 207, for detail about Qaim Chandpuri.
7. The *jaidad* means the property such as houses or land held by an owner with the right to sell or transit to others. Since the land was assigned to a noble generally in perpetuity, this assignment was began to be called *jaidad* instead of transferable *jagir*. This new term occurs in the *Tahmasnama* in place of *jagir*. *Tahmasnama*, p. 333.

کتب

الف

ب

ت

ج

س

ط

م

☆ ☆ ☆

قصہ و احوال روہیلہ

(تاریخ عروج وزوال روہیلہ سردار)

مولف

رستم علی بجنوری

تدوین

پروفیسر اقتدار حسین صدیقی

نام کتاب : قصہ واحوال روہیلہ (تاریخ عروج وزوال روہیلہ سردار)

نام مولف : رستم علی بجنوری

تدوین : پروفیسر اقتدار حسین صدیقی

ایڈیشن : ۱۴۲۴ھ مطابق ۲۰۰۳

دیباچہ

رستم علی بجنوری کی تالیف "قصہ واحوال روہیلہ" کئی اعتبار سے تاریخی اہمیت کی حامل ہے۔ یہ صرف کیتھر (موجودہ روہیل کھنڈ کا وسیع علاقہ) کے روہیلہ سرداروں کے سیاسی عروج اور زوال پر عہد وسطی میں مرتب کی گئی تاریخوں میں سب سے پہلی تاریخ ہی نہیں ہے، بلکہ اٹھاہویں صدی عیسوی میں اردو نثر میں لکھی ہوئی کتابوں میں بھی غالباً اولین کتاب ہے۔ حافظ رحمت خاں کے بیٹے اور پوتے نے روہیلہ سرداروں سے متعلق جو تاریخیں "گلستان رحمت" اور "گل رحمت" مرتب کی تھیں وہ قصہ حوال روہیلہ کے بعد کی ہیں۔

رسم علی بجنوری نے اپنی تاریخ ایک انگریز فوجی افسر کے کہنے پر مرتب کی تھی یہ انگریز دانگر کی فوجی چھاونی کا افسر اعلیٰ تھا۔ رستم علی اس کو اردو پڑھاتا تھا۔ اس کے کہنے پر رستم علی نے ۱۷۷۶ء یعنی حافظ رحمت خاں کی شہادت کے دو سال بعد قصہ واحوال روہیلہ کو مکمل کر کے اس کو پیش کیا۔ اس تاریخ کی خوبی یہ ہے کہ اس میں صرف تاریخی اہمیت کے واقعات کو بڑی معروضیت کے ساتھ بیان کیا ہے۔ برخلاف اس کے معاصر فارسی تاریخوں میں واقعات کو جانب داری کے ساتھ بیان کیا گیا ہے۔

اردو میں نثر نگاری کی تاریخ میں بھی "قصہ واحوال روہیلہ" بڑی اہمیت کی حامل تالیف ہے۔ اس کے خوش نما جملے اور محاورے ظاہر کرتے ہیں کہ اٹھارویں صدی عیسوی میں کٹیہر اور دہلی کے اہل علم ہندو اور مسلم خاندانوں کے افراد کس طرح کی اردو بولتے اور لکھتے تھے علاوہ ازیں ہندو اور مسلمانوں کے درمیان خوشگوار اور دوستانہ تعلقات پر بھی دلچسپ روشنی پڑتی ہے۔

کتاب کا نادر مخطوطہ انجمن ترقی اردو کراچی کے کتب خانہ میں موجود ہے۔ سب سے پہلے اس کا تذکرہ جمیل جالبی نے اپنی تحقیق "تاریخ اردو ادب" میں کیا۔ ان کے بعد قاضی عارف حسین نے مخطوطہ کا عکس اپنے مقدمہ کے ساتھ ۱۹۸۹ء میں واہ کینٹ (پاکستان) سے شائع کیا۔ مطالعہ سے کتاب کی تاریخی اہمیت کا علم ہوا۔ روہیلوں سے متعلق تاریخی اہمیت کا جو مواد معاصر فارسی تاریخوں میں ملتا ہے اسمیں رستم علی بجنوری کی تالیف سے گرانقدر اضافہ ہی نہیں ہوتا بلکہ اس کی خامیوں کی تصحیح بھی ہوتی ہے۔ لہذا تاریخی اہمیت کے پیش نظر "قصہ واحوال روہیلہ" کا فارسی کے معاصر منابع کے ساتھ تقابلی مطالعہ کرنے کے بعد مقدمہ اور نوٹس (notes) کے ساتھ شائع کیا جارہا ہے۔

تاریخ سے دلچسپی رکھنے والوں کے علاوہ اردو اور ہندی زبان اور ادب کے لوگوں کے لئے یہہ

تالیف دلچسپی کا باعث ہوگی۔ کیونکہ یہ ہنڈی زبان کی کتاب ہے جس سے جدید اردو اور ہندی زبانیں نکلی ہیں۔ اگر اسکو دیوناگری (رسم الخط) منتقل کیا جائے تو شاید اسکو جدید ہندی نثر کی تاریخ میں اولیت کا مقام ملے۔

اقتدار حسین صدیقی

فہرست

بسم اللہ الرحمٰن الرحیم

مقدمہ

تیرہویں صدی عیسوی کے آغاز پر ہندوستان میں مسلم سلطنت قایم ہونے سے اسلامی علوم کو فروغ حاصل ہوا۔ سلاطین اور امراء کی علم دوستی اور عالم نوازی نے پڑوسی مسلم ممالک کے فضلا اور دانشوروں کے ہندوستان آنے کے لئے کشش پیدا کی۔ مہاجر فضلا کے ذریعہ ہندوستان میں تاریخ نگاری کی روایت کی بنیاد پڑی۔ حکمراں طبقہ کی خوشنودی کے حصول کے لئے فضلا نے مختلف علمی موضوعات پر کتابیں لکھیں اور ان کو سلطان وقت، وزیر یا کسی دوسرے منصب دار کے نام معنون کیا۔ ان کتابوں میں مسلم فتوحات اور فاتحین کے کارناموں سے متعلق تاریخیں بھی مرتب ہوئی تھیں۔ جو تاریخیں امتداد زمانہ کا شکار ہونے سے بچ گئی ہیں ان کے مطالعہ سے معلوم ہوتا ہے کہ چونکہ نو وارد ترک اور تاجر امراء اور وسط ایشیاء اور خراسان کے مہاجرین کا تعلق فارسی زبان بولنے والے علاقوں سے تھا اور ان میں لوگ فضلا کے علاوہ جن کی تعداد کم تھی عربی زبان کو پڑھنے اور سمجھنے کی صلاحیت نہیں رکھتے تھے۔ اکثریت کی مادری زبان فارسی تھی ترک امراء اور سپاہی بھی فارسی زبان کو سمجھتے تھے۔ لہٰذا ان کے مطالعہ اور ان کی اولاد کی تعلیم و تربیت کے لئے فارسی زبان میں لٹریچر مہیا کرنے کی ضرورت محسوس کی جارہی تھی۔ لہٰذا فارسی زبان میں اہم موضوعات پر جن میں علم تاریخ بھی شامل ہے معیاری کتابیں شائع ہوئیں۔ آج یہ کتابیں فارسی زبان کے کلاسیکل ادب کا درخشندہ حصہ بن گئی ہیں۔

مسلم اشراف میں تاریخ کا مطالعہ ہمیشہ سے مقبول رہا تھا۔ قرآن اور حدیث کے بعد تاریخ کو علم کا تیسرا ذریعہ تصور کیا گیا ہے۔ لہٰذا علم تاریخ کی اہمیت کے پیش نظر

مسلم دانشوروں نے شروع ہی سے اسلام اور مسلمانوں کی تاریخ کو ہر زمانہ میں مرتب کیا۔ بہت سی معیاری تاریخوں کی مقبولیت کی بنا پر آنے والی نسلوں نے ان کو مفقود ہونے سے بچایا۔ بار بار ان کی نقلیں تیار کر کے کتب خانوں کی زینت بنایا۔ ابتدائی زمانہ کی عربی تاریخیں عہد آفریں ثابت ہوئیں[1] کیونکہ ان سے عہد وسطیٰ کے بعد کے مورخین نے بصیرت حاصل کی اور ان کے تتبع میں تاریخ نگاری کی روایت کو آگے بڑھایا۔ ہندوستان کی تیرہویں صدی کی تاریخوں میں سدید الدین محمد عوفی کی جوامع الحکایات ولوامع الروایات، منہاج سراج جوزجانی کی طبقات ناصری قابل ذکر ہیں۔ عہد وسطیٰ کے عظیم ترین مورخ ضیاء الدین برنی نے ان دونوں پیشروؤں کو ان کی وسعت نظر، تبحر علمی، دانشوری اور تاریخ نگاری کے فن، آداب اور اسلوب سے واقفیت کی بنا پر خراج تحسین پیش کیا ہے۔ برعکس ان کے چند لکھنے والوں کے ذکر سے گریز کیا ہے کیونکہ وہ علم تاریخ اور تاریخ نگاری سے ناواقف تھے۔ ان کے بارے میں صرف اتنا لکھنا ضروری سمجھا ہے کہ وہ علم تاریخ سے نابلد تھے لہٰذا ان کی تالیفات کی قدر نہیں ہوئی وہ کتب فروشوں کی دوکانوں میں پڑی رہیں۔ بالآخر کتب فروشوں نے ان کو کاغذ دھونے والوں کے سپرد کر دیا تاکہ دھلنے کے بعد کاغذ دوبارہ استعمال ہو سکے۔[2]

ضیاء الدین برنؔی نے اپنے پیشروؤں کی فارسی میں تاریخ نگاری کی روایت کو مزید آگے بڑھایا۔ برنؔی نے علم تاریخ کے معنی اور اس کے فلسفہ پر بلند نہج سے غور و خوض کیا اور اپنی تالیف تاریخ فیروز شاہی کے ذریعہ تاریخ نگاری کو نئی جہتیں عطا کیں۔ برنؔی کے نزدیک مورخ کے لئے تواتر زمانی کا ادراک تاریخ نگاری کی شرائط میں اہم شرط ہے۔

---

۱ تفصیلات کے لئے ملاحظہ کیجئے، اقتدار حسین صدیقی، عہد وسطیٰ کے ہندوستان میں تاریخ نگاری تیرہویں صدی عیسوی کے مسلم مورخین کی فارسی تالیفات کا تجزیاتی مطالعہ مجلّہ تحقیقات اسلامی، سہ ماہی، جلد ۸ شمارہ ۱، علی گڑھ جنوری مارچ ۱۹۸۹ء ص ۶۱ تا ۷۳ شمارہ ۳ جولائی ستمبر ۱۹۸۹ء ص ۳۸-۵۴

۲ ضیاء الدین برنی، تاریخ فیروز شاہی، بہ تصحیح سر سید احمد خان، کلکتہ ۱۸۶۲ء ص ۱۴ تا ۱۵

علاوہ ازیں برنؔی کو اس بات کا بھی شعور تھا کہ انسانی معاشرے میں تغیر زمانی کے ساتھ جو ثقافتی یا تاریخی اہمیت کی اچھی یا بری تبدیلیاں واقع ہوتی ہیں ان پر توجہ مرکوز ہونی چاہیے۔ تاریخ فیروز شاہی میں ایسی تمام تبدیلیوں کا تجزیہ ملتا ہے۔ نتیجۃً تاریخ فیروز شاہی کا مطالعہ ہم کو صدیوں پہلے کے زمانہ میں لے جاتا ہے۔[1]

برنؔی کے بعد آنے والی صدیوں میں ان کی تاریخ فیروز شاہی مورخین کے لئے بصیرت افروز ثابت ہوئی۔ چودھویں صدی کے آخیر میں جب وسط ایشیاء کے حملہ آور امیر تیمور کے ہاتھوں شہر دہلی تباہ ہوا اور سلطنت دہلی کے ٹکڑے ٹکڑے ہو گئے تو شمس سراج عفیف نے اپنی تالیف تاریخ فیروز شاہی میں ان ثقافتی اور معاشی اہمیت کے واقعات کا تفصیل کے ساتھ ذکر کیا جن کے ذریعہ سلطان فیروز شاہ کے عہد میں سلطنت میں خوشحالی بڑھی، نئے نئے شہر آباد ہوئے، نہروں کی تعمیر سے ہریانہ کا بنجر علاقہ زیر کاشت آیا لیکن سلطان کی موت کے بعد طوائف الملوکی نے سلطنت کی عسکری طاقت پر ضرب کاری لگائی۔ اور تیمور نے اس کی وجہ سے پنجاب سے دہلی اور میرٹھ تک کے علاقہ کو بری طرح تاخت و تاراج کیا۔[2] عفیف کی طرح پندرہویں صدی میں علاقائی سلطنتوں کے مورخین نے بھی کامیابی کے ساتھ برنؔی کا تتبع کیا۔ اِن علاقائی تاریخوں میں دہلی کے دانشورانہ کلچر اور تمدن کے فروغ کی جھلکیاں نظر آتی ہیں۔ ان کے مطالعہ سے ہمیں معلوم ہوتا ہے کہ ۱۳۹۸ء میں سقوط دہلی کے بعد جب علاقائی سلطنتیں وجود میں آئیں تو وہاں کے حکمرانوں نے دہلی کے علما و فضلا کو اپنے یہاں پناہ دی اور ان کی سرپرستی میں ایک دوسرے پر سبقت حاصل کرنے کی کوشش بھی کی تا کہ ان کی موجودگی سے ان کے دربار کی شان بڑھ سکے۔ لہٰذا دہلی کے بجائے بہت سے نئے ثقافتی اور علمی مراکز جیسے سلطنت شرقی کا پایہ تخت جونپور، سلطنت کالپی کا مرکز شہر کالپی، شادی آباد

---

[1] ایضاً ص۔ ۱۹ تا ۲۰ نیز اقتدار حسین صدیقی، تاریخ فیروز شاہی برنؔی، یادگار نامہ قاضی عبدالودود، غالب انسٹی ٹیوٹ، نئی دہلی ۲۰۰۰ء، ص ۲۳۱ تا ۲۵۷۔

[2] شمس سراج عفیف، تاریخ فیروز شاہی، تصحیح مولوی ولایت حسین، کلکتہ ۱۸۹۰ء، ص ۲۰ تا ۲۳

عرف مانڈو سلطنت مالوہ کے پایہ تخت اور احمد آباد سلطنت گجرات کے دارالسلطنت سیاسی افق پر نمودار ہوئے۔[۱]

مغل شہنشاہ اکبر کے عہد میں شیخ ابوالفضل، مولف اکبر نامہ، نظام الدین احمد بخشی مولف طبقات اکبری اور ملا عبدالقادر بدایونی مولف منتخب التواریخ نے اس علمی روایت کو مزید جلا بخشی۔ اکبر کے جانشینوں کے زمانہ میں بھی معیاری تاریخیں مرتب ہوئیں، عبدالحمید لاہوری کا بادشاہ نامہ اور خافی خان کی تاریخ منتخب اللباب سترھویں اور اٹھارہوں صدی کی معیاری تاریخیں ہیں۔ لیکن خافی خان کے بعد اٹھارہویں صدی کے نصف آخیر میں جو تاریخیں لکھی گئیں تھیں وہ سیاسی زوال کا شکار نظر آتی ہیں۔ ان کے مولفین سیاسی زوال اور اخلاقی انحطاط ہی سے متاثر نظر نہیں آتے ہیں بلکہ مورخ کے فن (Historian's craft) اور اس کی ذمہ داریوں سے بھی نا آشنا معلوم ہوتے ہیں۔ چونکہ اس دور کا ہر مورخ کسی نہ کسی امیر کے گروہ سے وابستہ تھا لہذا وہ اپنی کتاب میں اپنے مربی کی بے جا مدح سرائی کرتا ہے۔ ایسا معلوم ہوتا ہے کہ اس کے یہاں تاریخی عوامل کے تجزیہ کا جن کی کارفرمائی سے انسانی معاشرے میں اہم تبدیلیاں واقع ہوتی ہیں شعور نہیں تھا۔ جس کے نتیجہ میں تاریخی اہمیت کے واقعات کے پیچھے جو علل کے سلسلے تھے ان پر خاطر خواہ روشنی نہیں پڑتی ہے۔

اٹھارہویں صدی کے نصف آخر میں مغلیہ سلطنت کی فوجی طاقت کے انحطاط کی وجہ سے صوبے داروں کے علاوہ بڑے بڑے زمینداروں نے دہلی کے چاروں طرف وسیع علاقوں پر قابض ہو کر اپنی عمل داریاں[۲] قائم کر لی تھیں اور مغل شہنشاہ سے بے

---

[۱] دیکھئے راقم الحروف کا مقالہ: پندرہویں اور سولہویں صدی عیسوی کے ہندوستان میں علاقائی سلطنتوں کا قیام اور ان میں فارسی تاریخ نگاری کی نوعیت اور اس کا علمی معیار، خدابخش لائبریرے جرنل، پٹنہ، شمارہ نمبر ۱۲۳، اپریل ۲۰۰۱ ص ٦٦ تا ۸۸۔

[۲] انیسویں صدی کے آغاز پر ہندوستان میں انگریزوں کا سیاسی اقتدار مکمل طور پر قائم ہو گیا تو مختلف علاقوں کے راجاؤں، مہاراجاؤں اور نوابین کی عملداریاں ہندوستان میں ریاستیں اور انگریزی زبان میں پرنسلی اسٹیٹ Princely States کہلانے لگی تھیں۔

پرواہ ہوکر اپنے اثر کی توسیع کے لئے برسر پیکار رہتے تھے۔ اسی زمانہ میں کٹیھر (بعد میں روہیل کھنڈ) کے علاقہ پر نو وارد روہیلہ پٹھانوں کا قبضہ ہوگیا تھا۔ علی محمد خان جو کہ روہیلہ پٹھانوں کا سردار تھا اس نے بھی خود مختار صوبے داروں اور بڑے ہندو مسلم زمینداروں کی طرح مغل شاہی دربار کی ثقافتی روایات کو اپنایا۔ جو فنون لطیفہ کے ماہرین، فضلاء اور شعراء دہلی سے مالی وسائل کے ختم ہونے کی وجہ سے ہجرت کر کے کٹیھر پہنچے ان کی داد و دھش سے پذیرائی کی۔ ان کی خوشنودی حاصل کرنے کے لئے شعراء نے نئے روساء کی تعریف میں قصائد نظم کئے جب کہ فضلاء نے مختلف علوم پر کتابیں تصنیف کر کے ان کے نام معنون کیں۔ مختلف علاقوں میں وہاں کے نئے حکمرانوں کے کارناموں سے متعلق تاریخیں بھی مرتب ہوئیں۔ چونکہ ہمارا مقصد رستم علی بجنوری کی اردو نثر میں تاریخ پر پہلی کتاب قصہ و احوال روہیلہ کا تعارف کرانا ہے اس لئے ضروری نہیں ہے کہ اٹھارہویں صدی کے نصف آخیر میں فارسی زبان میں لکھی گئی تاریخوں پر مفصل بحث کریں تاہم ان تاریخوں کا اختصار سے تذکرہ کرنا ضروری ہے جس میں روہیلوں کے سیاسی عروج اور زوال سے متعلق لکھا گیا ہے تاکہ رستم علی کی تالیف کی اہمیت کا اندازہ ہوسکے۔

اس زمانہ کی قابل ذکر فارسی تاریخوں میں غلام حسین خان طبا طبائی کی تالیف سیر المتاخرین کافی اہم ہے۔ مولف ایرانی نژاد تھے۔ اس کے والد ہدایت علی تھے جو علی وردی خان مہابت جنگ کے عزیز تھے۔ رشتہ داری کی وجہ سے علی وردی خان نے ہدایت علی کو بہار کا نائب صوبے دار بنا دیا تھا۔ ۱۷۴۶ء میں ملازمت سے سبک دوش ہوکر دہلی آگئے تھے دہلی میں انہوں نے نظام الملک آصف جاہ کے بیٹے اور عماد الملک وزیر کے والد غازی الدین خان فیروز جنگ کی ملازمت اختیار کی۔ غازی الدین خان فیروز جنگ نے ہدایت علی کو اپنی جاگیر کا انتظام سونپ دیا۔ ان کی جاگیر بریلی اور اس سے منسلک چند پرگنات تھے جہاں پر روہیلہ پٹھان سرکشی اختیار کئے ہوئے تھے کیونکہ ان کے سردار علی محمد خان کو شہنشاہ محمد شاہ نے سرکار سرہند کا فوجدار بنا کر وہاں روانہ کر دیا

تھا۔ ۱۷۴۸ء میں علی محمد خاں کے کتیہر میں واپس آنے پر ہدایت علی بریلی کو غیر محفوظ پا کر دہلی واپس چلے گئے تھے۔

باپ کی طرح غلام حسین طبا طبائی نے بھی مغل امراء اور پھر انگریزوں کی ملازمت اختیار کی۔ ۱۷۵۹ء میں جب شہزادہ علی گوہر (بعد میں شاہ عالم ثانی) بنگال کو فتح کرنے کی جدو جہد میں مصروف تھا طبا طبائی نے شہزادہ کی ملازمت اختیار کر لی۔ ۱۷۶۴ء میں بکسر کی لڑائی میں انگریزوں کی فتح پر وہ انگریزوں کی ایسٹ انڈیا کمپنی کا ملازم ہو گیا۔ انگریز گورنر جنرل وارن ہیسٹنگز نے اس کی فارسی دانی سے خوش ہو کر اس کو اپنا منشی بنا لیا۔ ایسٹ انڈیا کمپنی کے ملازم کی حیثیت سے انگریزوں اور ان کے حلیفوں کی تعریف کرتا ہے۔ اس کی تالیف سیر المتاخرین ۱۷۸۱ء تک کے تاریخی واقعات کا احاطہ کرتی ہے۔ کیونکہ کتیہر کے پٹھان سرداروں کی انگریزوں اور ان کے حلیف شجاع الدولہ سے جنگ ہوئی تھی لہٰذا پٹھانوں کا احوال بے تعلقی کے ساتھ لکھنے کی بجائے خشونت آمیز ہے۔ اگر کوئی ایرانی امیر بھی انگریزوں کا مخالف تھا تو اس کے بارے میں تحقیر آمیز جملے لکھے ہیں۔ مثال کے طور پر محمد قلی خان ناظم الہ آباد جو کہ صفدر جنگ کا بھتیجا تھا اس کے بارے میں لکھا ہے کہ اس کا سر مغز سے خالی تھا تاہم انگریزوں کے خلاف جنگ کر کے بنگال کو فتح کرنا چاہتا تھا۔

غلام حسین طبا طبائی کی طرح نوابین اودھ کے دربار سے متعلق مورخین نے اپنی تالیفات میں جانب داری سے کام لیا ہے۔ منشی انعام علی کی تاریخ ''اوصاف الاصف اور سید غلام علی نقوی کی تاریخ عماد السعادت میں پٹھانوں سے متعلق تاریخی واقعات کو مسخ کر کے پیش کیا ہے۔ برعکس ان کے فرخ آباد کے بنگش پٹھان نوابوں کے دربار سے منسلک تاریخ نگاروں نے اپنے عہد اور علاقہ کی تاریخ معروضیت کے ساتھ لکھی ہے۔ اگرچہ نول رائے کی تاریخ احمد خانی اور حسام الدین گوالیاری کی تاریخ محمد خانی میں بنگش نوابوں کا احوال اختصار کے ساتھ ملتا ہے لیکن جو کچھ بھی لکھا گیا ہے وہ کافی معروضیت کے ساتھ لکھا گیا ہے۔ ان کے برعکس سید محمد ولی اللہ نے تاریخ فرخ آباد

میں تفصیل سے کام لیا تھا۔ فیض اللہ خاں نواب رامپور کے دربار سے متعلق منشی شیو پرشاد نے ۱۷۷۶ء میں تاریخ فیض بخش مرتب کی۔ اس میں کٹیھر کے روہیلہ سرداروں کے سیاسی عروج وزوال کی تاریخ بیان کی ہے۔ علاوہ ازیں اس سلسلے میں طہماسپ بیگ کی خودنوشت طہماس نامہ بھی قابل ذکر ہے۔ اس میں روہیلوں سے متعلق تاریخی اہمیت کے واقعات کافی حدتک معروضیت کے ساتھ لکھے گئے ہیں۔ پانی پت کی تیسری جنگ میں روہیلہ سرداوروں کا احمد شاہ سے مل کر مرہٹوں سے جنگ کا احوال کافی دلچسپ طریقہ پر بیان کیا ہے۔ چار لاکھ مرہٹہ فوجیوں پر مشتمل فوج بری طرح ہار کر بھاگی۔ احمد شاہ ابدالی، اس کے فوجیوں، ہندوستانی امراء اور زمینداروں نے مرہٹوں کے کیمپ کو لوٹا۔ سونے اور چاندی کے علاوہ دوسرا مال بھی بھاری مقدار میں مال غنیمت کے طور پر فاتح فوج کے ہاتھ آیا۔

روہیلہ سردار نجیب الدولہ کی وصیت کے بارے میں لکھا ہے کہ ۱۷۷۰ء میں نجیب الدولہ دہلی سے ضلع ہانسی گئے تھے۔ وہاں ان کی بیماری بڑھ گئی۔ دوراندیشی کے تحت اپنے نامور ساتھیوں کو جمع کر کے وصیت کی کہ میں اپنی زندگی میں نواب ضابطہ خاں (یعنی اپنے بیٹے) کو نائب مختار اور ولی عہد مقرر کرتا ہوں۔ لہذا سب لوگ اس کو میرے بجائے تصور کریں اور اس کی اطاعت اور فاقت اسی طرح کریں جیسے میری کی ہے۔ پھر وہ وہاں سے شاہ آیاد ہوتے ہوئے شاہجہاں آباد آئے۔ شاہجہاں آباد سے نجیب آباد پہنچ گئے۔ نجیب آباد میں آنے سے قبل نجیب الدولہ نے مرہٹہ سرداروں میں تکوجی ہولکر، سندھیہ اور رام چندر گنیش کے ہاتھوں میں ضابطہ خان کا ہاتھ دے کر کہا کہ وہ اس کے مرنے کے بعد ضابطہ خان کی مدد کریں گے۔ طہماس ضابطہ خان کی ملازمت میں تھا۔ لکھتا ہے کہ باپ کی موت کے بعد مرہٹہ سردار سندھیہ نے ضابطہ خان سے کہا کہ وہ مرہٹوں کو نذرانہ پیش کرے تاکہ ان کی مدد سے اس کی حکومت مستحکم ہو سکے۔ ضابطہ خان نے مرہٹوں کے مطالبہ پر غصہ کا اظہار کیا۔ طہماس کے مطابق ضابطہ خان کا ردعمل ''شایان زمانہ سازی'' نہیں تھا۔ اگرچہ تکوجی ہولکر

نجیب الدولہ سے دوستی کی وجہ سے ضابطہ خان کا ہمدرد تھا لیکن سندھیہ اور رام چندر گنیش ضابطہ خان کے دشمن ہوگئے۔ انہوں نے خفیہ طور پر الہ آباد میں شاہ عالم سے معاہدہ کرلیا۔ شاہ عالم کے حکم پر مرہٹوں نے شاہجہان آباد پر قبضہ کرلیا اور پھر وہاں شاہ عالم کو بلایا۔ ٹکوجی ہولکر ضابطہ خان کی مدد نہیں کر سکا[1]۔ دہلی میں شاہ عالم کی واپسی کے بعد بادشاہ کی مرہٹوں کے ساتھ ضابطہ خاں سے جنگ کی تفصیلات بہم پہنچائی ہیں۔ ہر واقعہ طہماس خان کا چشم دید تھا کیونکہ وہ ضابطہ خان کی ملازمت میں تھا۔ طہماس کے مطابق حافظ رحمت خان نے ضابطہ خان سے وعدہ کیا تھا کہ وہ شاہ عالم کے خلاف اس کی مدد کرے گا لیکن جب جنگ ہوئی تو صرف نواب فیض اللہ خان پانچ ہزار کی فوج کے ہمراہ آکر دریاءِ گنگا کے کنارے پر خیمہ زن ہوا۔ حافظ رحمت خاں نے وعدہ خلافی کی۔ ضابطہ خان کو شکست ہوئی اس کے قلعے اور علاقہ کو مرہٹوں نے لوٹا[2]۔

شجاع الدولہ اور اس کے مددگار انگریز فوج کے حافظ رحمت خاں روہیلہ پر حملہ اور لڑائی کا احوال بھی دلچسپ ہے اس زمانہ میں طہماس خان بھی اس جنگ میں شجاع الدولہ کے حلیف نجف خاں کی ملازمت میں ہونے کی وجہ سے شریک ہوا تھا تاہم یہ بات قابل تعریف ہے کہ اس دور کے دوسرے لکھنے والوں کی طرح وہ روہیلہ سردار پر بے جا تنقید کرنے سے گریز کرتا ہے بلکہ لڑائی سے متعلق تفصیلات کو کافی حد تک بے تعلقی سے بیان کرتا ہے۔ حافظ رحمت خاں کی شہادت کے بارے میں لکھتا ہے کہ جب شجاع الدولہ مہدی گھاٹ سے گنگا کو عبور کرکے قصبہ شاہجہاں پور کی جانب بڑھا تو حافظ رحمت خان مقابلہ کے لئے آگے آئے۔ مخالف فوجوں کے نزدیک پہنچنے پر شجاع الدولہ نے فرنگیوں کی پلٹن (انگریز فوج) کو ہراول کے طور پر آگے کرکے حملہ کرنے کے لئے روانہ کیا۔ انگریزوں کی توپوں اور گولہ باری کا جواب نہیں تھا۔ لہٰذا جب ان کی

۱۔ دیکھئے محکم الدولہ اعتقاد جنگ طہماس بیگ خان رومی، طہماس نامہ، مرتبہ محمد اسلم، لاہور، ۱۹۸۶ء ص ۲۸۳ تا ۲۸۴۔

۲۔ ایضاً ص ۲۸۷

گولہ باری شروع ہوئی تو پٹھان اس کی تاب نہ لا سکے۔ انہوں نے میدان جنگ سے راہ فرار اختیار کرنی شروع کردی۔ حافظ رحمت خان بڑی بہادری سے اپنے وفادار ساتھیوں کو ساتھ لے کر آگے بڑھے لیکن جلد ہی شہید ہو گئے۔ ان کی چالیس ہزار کی فوج منتشر ہوگئی مرتضیٰ خان بھڑیچ نے حافظ رحمت خان کا سر کاٹ کر شجاع الدولہ کے دربار میں پیش کیا۔ حافظ کی لاش پر کوئی زخم نہیں پایا گیا تھا۔ کچھ لوگوں کا خیال تھا کہ وہ گولہ کی گرمی سے جو کہ ان کے پہلو یا سینے سے گزری ہوگی اس سے فوت ہوئے دوسرے کہتے تھے کہ انہوں نے شکست کی ذلت سے بچنے کے لئے زہر کھا لیا تھا اور اس کے اثر سے فوراً انتقال کر گئے۔[۱] طہماس خان نے اس واقعہ کو بھی قلم بند کیا ہے بہت سے افغان امراء جیسے ضابطہ خان سے شجاع الدولہ نے وعدہ کیا تھا کہ حافظ کی شکست کے بعد اس کو کتیہر کا علاقہ دیا جائے گا لیکن فتح کے بعد وعدہ پورا نہیں کیا۔ ضابطہ خان مایوس ہو کر نجف خان کے ساتھ دہلی چلا گیا۔[۲]

حافظ رحمت خان کے سیاسی عروج اور زوال سے متعلق تاریخ ان کے بیٹے نواب محمد مستجاب خان نے ۹۳-۱۷۹۲ء میں مرتب کی۔ اگرچہ حافظ رحمت خان کے کارنامے تفصیل کے ساتھ بیان ہوئے ہیں لیکن دوسرے سرداروں کو جنہوں نے روہیلہ طاقت کو استحکام دینے میں اہم کردار ادا کیا تھا تقریباً نظر انداز کر دیا ہے۔ مثال کے طور پر روہیلہ حکومت کے بانی داود خان کو آقا کش لکھا ہے مولف کے مطابق داود خان نے اپنے آقا اور حافظ رحمت خان کے باپ کو زہر دلا کر ختم کرا دیا تھا۔[۳] اسی طرح نواب دوندے خان کے بیٹوں اور دوسرے روہیلہ سرداروں کو حافظ رحمت خان کے زوال کا ذمہ دار ٹھہرایا ہے کیونکہ انہوں نے شجاع الدولہ سے در پردہ مل کر حافظ کی مدد نہیں کی۔ اس کے برعکس حقیقت یہ ہے کہ نواب دوندے خان کے مرنے کے بعد اس کی

۱۔ دیکھئے طہماس نامہ، ص۳۰۴ تا ۳۰۵

۲۔ ایضاً ص۳۰۶

۳۔ گلستان رحمت، مخطوطہ مولانا آزاد لائبریری، نمبر۴۶/۱۸۰ ورق ۱۱ ب

''جائیداد'' (یعنی جاگیر) اس کے بڑے بیٹے کو دینے کے بجائے حافظ نے اس کے سب بیٹوں میں تقسیم کردی تھی۔ دوسرے ۱۷۷۲ء میں جب مرہٹوں نے ان کے علاقہ کو تاخت و تاراج کیا تو ان کی اعانت بھی نہیں کی۔ خود حافظ مرہٹوں کی تاخت و تاراج سے بچ گئے تھے۔ جملہ خامیوں کے باوجود مستجاب خان کی تالیف ''گلستان رحمت'' میں ہمیں روہیلہ سرداروں کے علوم وفنون اور رفاہ عام کے کاموں کے بارے میں دلچسپ مواد ملتا ہے جس کا دوسری معاصر تالیفات میں فقدان ہے۔

حافظ رحمت خان اور دوسرے روہیلہ سرداروں نے نئے نئے قصبات آباد کئے وہاں بازار تعمیر ہوئے اور پرانے قصبات کو وسعت دی۔ جلد ہی کئی قصبے اہم شہروں کی شکل میں ابھرے۔ بریلی حافظ رحمت خان کا مرکز بنا تو وہ شہر تجار، اہل حرفہ، علما اور فضلاء کی آماجگاہ بن گیا۔ پیلی بھیت جو کہ جنگلوں سے گھیرا ہوا غیر معروف قصبہ تھا اس کو شہر کی شکل دی۔ اس کا نام حافظ آباد رکھا جو کہ بعد میں حافظ آباد عرف پیلی بھیت کہلانے لگا۔ دونوں شہروں میں خوبصورت محلات، باغات، جامع مساجد اور مدرسے قائم ہوئے۔ پیلی بھیت کی جامع مسجد کو شاہجہاں آباد کی جامع مسجد کے نمونہ پر تعمیر کرایا تھا جو کہ آج بھی لائق دید ہے۔ بریلی اور پیلی بھیت کے درمیان مشہور قصبہ حافظ گنج تعمیر ہوا۔[۱] یہاں بھی محلات، سرای، مسجد اور بازار بنوائے گئے۔ جلد ہی یہ بھی ایک خوشحال اور اہم قصبہ کی شکل میں ابھرا۔[۲] حافظ کے ایک ساتھی اور رشتہ دار امیر خان نے اپنی جائیداد (یعنی جاگیر) میں بریلی کے نزدیک میر گنج آباد کیا۔ اس نے یہاں اپنی رہائش کے لئے حویلی تعمیر کرائی اور باغات لگوائے۔ اس نے بھی جلد ایک اہم قصبہ کی شکل اختیار کرلی۔[۳]

---

[۱] حافظ گنج بریلی شہر سے آٹھ کروہ (۱۶ میل) اور پیلی بھیت سے دس کروہ کے فاصلہ پر آباد کیا تھا۔

[۲] گلستان رحمت، ورق ۷۷ ب

[۳] ایضاً ورق ۱۴۵ الف و ب

فارسی کی مذکورہ بالا تاریخوں کے علاوہ خطہ کیتھر کی تاریخ پر اردو نثر میں لکھی گئی معاصر تاریخ رستم علی بجنوری کی تاریخ ''قصہ واحوال روہیلہ'' ہے[1]۔ یہ کتاب کئی اعتبار سے بہت اہم ہے۔ رستم علی بجنوری نے اس کو بڑی بے تعلقی کے ساتھ مرتب کیا ہے۔ واقعات کے بیان میں کہیں جانب داری سے کام نہیں لیا ہے۔ اس تاریخ کی اہمیت اس لئے بھی بہت زیادہ ہے کہ یہ اردو کی پہلی نثری کتابوں میں سے ایک ہے اور اس سے اردو میں تاریخ نگاری کی روایت کی تاریخ کا آغاز ہوتا ہے۔ ''تاریخ اردو ادب'' کے مصنف اور عظیم محقق جمیل جالبی نے اس کی نثر پر ان الفاظ میں تبصرہ کیا ہے: ''قصہ واحوال روہیلہ'' کی نثر طبع زاد ہے جس میں اظہار بیان کا تنوع ہے۔ موقعہ ومحل کے مطابق جیسے تاریخی منظر بدلتا جاتا ہے اس کا اسلوب بھی اس کے مطابق اپنا لہجہ اور رخ بدلتا جاتا ہے۔ اس میں جنگی مناظر بھی ہیں اور سازشوں کا احوال بھی درج ہے...... تاریخ نویسی اور نثر نگاری دونوں لحاظ سے یہ اس دور کی ایک اہم تصنیف ہے...... اس میں سلاست وروانی بھی ہے اور اپنی بات کو کہنے کی قوت بھی۔ اس دور میں جب اردو نثر میں تاریخی کتابیں لکھنے کی کوئی روایت نہیں تھی رستم علی کی یہ تصنیف اردو نثر کی ایک نئی روایت کو جنم دیتی ہے۔''[2]

یہ بات بھی قابل ذکر ہے کہ کیتھر یعنی روہیل کھنڈ کی مقامی تاریخ پر کسی زبان میں لکھی جانے والی یہ پہلی تاریخ ہے۔ اس کا سن تالیف ۱۷۷۶ء ہے۔ کتاب کے مطالعہ سے بخوبی معلوم ہوتا ہے کہ روہیل کھنڈ میں پڑھے لکھے یعنی اشراف کس طرح کی اردو بولتے تھے۔ علاوہ ازیں مسلمانوں کے مذہبی رجحانات پر بھی روشنی پڑتی ہے۔ عوام الناس کی طرح امراء اور روساء بھی صوفیاء اور درویشوں کی کرامت پر عام طور پر اعتقاد رکھتے تھے۔

۱۔ ۱۹۸۹ء میں قاضی عارف حسین نے اس کے نادر مخطوطہ کا جو کہ انجمن ترقی اردو کراچی کی ملکیت ہے کا عکس اپنے مقدمہ کے ساتھ واہ کینٹ (پاکستان) سے شائع کیا تھا۔ ہمارے پاس یہی عکس ہے۔

۲۔ جمیل جالبی، تاریخ ادب اردو، جلد دوم وسوم، دہلی ریپرنٹ، ص ۱۰۷۷

قصہ واحوال روہیلہ کا تاریخ نگاری کے نقطۂ نظر سے تجزیہ پیش کرنے سے پہلے ضروری ہے کہ اس کے مولف کے حالات کو بیان کیا جائے تا کہ اس کے اسلوب تاریخ نگاری کو سمجھا جاسکے کیونکہ مورخ کی پسند اور ناپسند کے علاوہ اس کے حکمراں طبقہ سے تعلق اس کے زمانہ کی سیاست اور اس کے مذہبی افکار اس کے عمل اور تاریخی واقعات کی توجیہ پر اثر انداز ہوتے ہیں۔

اگرچہ پاکستانی اسکالر قاضی عارف حسین نے اپنے مختصر مقدمہ میں رستم علی کو سید بارہہ سے متعلق بتایا ہے اور اس کو سید منیف علی شوکت بجنوری بھی سمجھا ہے۔ لیکن کسی مستند اور قابل اعتبار تذکرہ سے اس بیان کی تصدیق نہیں ہوتی ہے۔ مولف نے اختصار کے ساتھ لکھا ہے: ''بندہ رستم علی رہنے والا بجنور، سرکار سنبھل[۱] مضاف صوبہ دارالخلافہ شاہجہان آباد کا بیچ دارانگر سرکار مذکور کے کہ چھاونی صاحبان عالی شان انگریز بہادر کی ہے آیا ملازمت جناب فیض کا باب قدر کا جاننے والا، ہنر کا پہچاننے والا، صاحب والا مناقب جان ہارس فورڈ بالمشہور اسپٹ صاحب بہادر، ہمیشہ رہے اقبال اوسکا، حاصل کی، نظر پرداخت کی فرمائی۔ بعد کئی دنوں کے ارشاد فرمایا: علی محمد خان وغیرہ روہیلہ ملک کیتھر میں شاہ جہان پور سے تمام تلہٹی پہاڑ کی سے ہردوار کنارے دریا وگنگ تئین کس طرح قابض متصرف ہوئے اگر تو کچھ جانتا ہو زبان ہندی اردو میں بیان کر تو کہ (تاکہ) نوآموز کاروں زبان ہندی تئین پڑھنے اس سے فائدہ حاصل ہو۔ بندہ اگرچہ خوب ہوش جمع کرنے اسی احوال کا نہ رکھے تھا فاما حکم صاحب والا مناقب سے عذر مناسب نہ جانا پس جو کچھ کہ سنتا تھا اور جانتا تھا، لکھتا ہے۔''

اپنے مختصر ذکر کے بعد مولف کے مطابق کیتھر میں روہیلہ حکومت کی بنیاد رکھنے کا سہرا داود خان کے سر ہے۔ برعکس معاصر فارسی تاریخوں کے رستم علی کی کتاب میں داود

---

۱ مغل شہنشاہوں کے عہد میں انتظامی ضروریات کے تحت صوبہ کو کئی سرکاروں میں تقسیم کردیا جاتا تھا۔ سرکار کا افسر اعلیٰ فوجدار کہلاتا ھا جو کہ صوبہ دار کے ماتحت ہوتا تھا۔ ایک سرکار میں موجودہ کئی ضلعے شامل ہوتے تھے۔

خان کو ایک لٹیرے کے بجائے ایک بلند حوصلہ اور انسانی خوبیوں کے حامل شخص کی حیثیت سے پیش کیا گیا ہے۔ چونکہ رستم علی کٹیہر کا رہنا والا تھا لہٰذا اس نے ایک مقامی تاریخ نگار کی حیثیت سے وہی واقعات قلم بند کئے ہیں جن کو اس نے خود دیکھا تھا یا ان کے بارے میں معتبر بزرگوں سے سنا تھا۔ یہ امر بھی قابل ذکر ہے کہ اس کے زمانہ میں روہیل کھنڈ کو اس کے قدیم نام کٹیہر ہی سے موسوم کیا جاتا تھا۔ رستم علی نے اپنے علاقہ کا کٹیہر کے علاوہ کسی دوسرے نام سے ذکر نہیں کیا ہے غالباً روہیلہ اقتدار کے خاتمہ کے بعد انگریزوں نے اس کو روہیل کھنڈ کہنا شروع کیا تھا۔ بہر حال اٹھارہویں صدی میں مغل دور کی اصطلاحات اور روہیلوں سے متعلق صحیح واقعات نے قصہ واحوال روہیلہ کو موجودہ اتر پردیش اور مغل دربار کا عموماً اور روہیل کھنڈ کا خصوصاً ایک اہم تاریخی ماخذ بنا دیا ہے۔ اس کی دریافت نے روہیلوں کی تاریخ پر لکھی گئی کتابیں گلستان رحمت اور گل رحمت میں درج واقعات کی تصحیح کو ممکن بنا دیا ہے۔

دوسرے معاصر تاریخ نگاروں کی طرح رستم علی بھی داود خان کو قبائلی سردار حسن خان بھڑیچ کا غلام بتاتا ہے۔ وہ لکھتا ہے کہ داود خان جوان ہونے پر آقا کے گھر سے فرار ہو کر پشاور آ گیا۔ پشاور میں وہ ناصر جنگ کی ملازمت میں آ گیا۔ قسمت نے یاوری کی جلد ہی اس کے پاس دو ہزار روپیہ کی رقم جمع ہو گئی۔ وہ ملازمت چھوڑ کر گھوڑوں کی تجارت کی طرف راغب ہوا۔ گھوڑے خرید کر دہلی پہنچا۔ شاہجہان آباد میں دو ماہ قیام کیا اس کے بعد گنگا کے پار شاہ آباد (ضلع رامپور) کے نزدیک کے زمیندار راجہ مدھکر (المخاطب بہ مدار شاہ) کی ملازمت میں داخل ہو گیا۔ اس کی بہادری اور فوجی صلاحیت سے اس کا آقا اس قدر متاثر ہوا کہ اس نے فوج بنانے کی اجازت دی۔ جلد ہی داود خان نے تین یا چار سو روہیلوں کی فوج بنا لی۔ اسی زمانہ میں اس نے شاہجہان آباد سے قیمتی تحائف منگائے اور وہ الموڑہ کے راجہ دیپ سنگھ کو بھیجے۔ اس طرح راجہ سے اچھے تعلقات قائم کئے راجہ مدھکر کے مرنے کے بعد داود خان الموڑہ کے راجہ دیپ سنگھ کا ملازم ہو گیا۔ راجہ نے کاشی پور اور دامن پہاڑ کے علاقہ کا انتظام داود خان کے سپرد

کردیا۔ اس علاقہ کی سالانہ جمع (آمدنی) تیرہ لاکھ روپیہ تھی۔

داود خان کی عمدہ کارکردگی کی بنا پر علاقہ میں امن و امان قائم ہوا اور کسانوں کو راحت ملی۔ علاقہ کی آمدنی میں اضافہ ہوا جس کی وجہ سے داود خان نے دو تین ہزار سوار اور پیادے ملازم رکھ لئے۔ اپنی فوج کی مدد سے اس نے سرکش زمینداروں کو زیر کیا۔ علاقہ کے سرکش زمینداروں میں بنکولی[۱] کا راجہ (کھیم کرن) لوٹ مار سے باز نہیں آیا۔ وہ داود خان کے علاقہ پر بھی چھاپہ مار کر جانور پکڑ کر لے جاتا تھا۔ داود خان نے اس کو سزا دینے کا ارادہ کیا اپنے مقصد کو بآسانی سرانجام دینے کی غرض سے اس نے جاسوس کو بنکولی بھیجا تاکہ وہ موقع کا جائزہ لے کر اطلاع دے کہ کس وقت بنکولی پر حملہ کرنا مناسب ہوگا۔ جاسوس فقیر کے لباس میں بنکولی پہنچا۔ ہولی کا تہوار قریب آگیا تھا۔ جاسوس نے اطلاع دی کہ ہولی کے دن لوگ رنگ کھیلتے ہیں اور شراب پی کر بدحواس ہوجاتے ہیں۔ لہٰذا ہولی کے دن حملہ ہوگا تو فتح بآسانی حاصل ہوگی۔ ایسا ہی کیا گیا، رستم علی نے بنکولی پر حملہ کا سال ۱۷۲۹ء لکھا ہے جب کہ دوسرے مورخین کے مطابق تاریخ ۱۷۲۰ء ہے۔

بنکولی میں مال غنیمت کے علاوہ بتیس اشخاص قیدی بھی تھے۔ ان قیدیوں میں علی محمد خان بھی شامل تھا اس کے متعلق لکھا ہے ''ایک لڑکا عمر برس دس گیارہ کا، نہایت خوبصورت، رنگ سرخ سپید، میٹھی زبان پیاری پیاری باتیں، قوم جاٹ کا پریم سنگھ نانو بھی قید میں آیا۔ داود خان نے اوسکو دیکھا، نزدیک بلایا، باتیں سنی، بے اختیار جی کو بھایا۔ کمال شفقت سے فرزند اس کو کہا۔ علی محمد خان نانو رکھا۔ سنت ختنہ کے بموجب محمد صلعم کی فراغت پائی، بعد فرصت ختنہ کی اوس لڑکے کو معلم باعمل کے سپرد کیا۔ توکہ (تاکہ) نماز پنجگانہ، تلاوت قرآن شریف کے اور مسائل ضروریہ مذہب مسلمانوں کے سے خوب واقف ہو۔ جو پٹھان کہ اوس لڑکے کو لایا تھا بائیس روپیہ نقد، ایک دوشالہ اوسکو بخشا۔''

۱۔ موضع بنکولی پرگنہ جہان آباد متعلق چکلہ بریلی سرکار بدایون میں شامل تھا۔

رستم علی نے علی محمد خان کی تعلیم و تربیت کے بارے میں دلچسپ معلومات بہم پہنچائی ہیں۔ علی محمد خان نے تین سال کے عرصہ میں فنون سپہ گری، تیر اندازی، بندوق چلانے اور گھوڑ سواری میں مہارت حاصل کرلی۔ علاوہ ازیں اس نے عربی اور فارسی زبانوں میں بھی استعداد حاصل کی۔ داود خان نے اس کی ذہانت اور صلاحیت سے متاثر ہوکر اس کو اپنے بیٹے محمد خان کی بجائے اپنا ولی عہد بنایا۔ تمام ہاتھی، گھوڑے اور نقدی کا مالک اپنی زندگی ہی میں بنا دیا۔ ان تفاصیل کے بعد رستم علی لکھتے ہیں کہ علی محمد خان دیندار، درویش اور فقراء کا ہمدرد اور رعایا پرور سردار ثابت ہوا۔ جلد ہی اس کے حسن سلوک سے عام لوگوں کے علاوہ روہیلہ سردار، سپاہی اور داود خان کے ملازمین اس کے دلدادہ بن گئے۔ اور علاقہ کے زمیندار اور کسان وفادار ہوگئے، اسی طرح داود خان کی بڑھتی ہوئی طاقت اور مرادآباد کے ناظم نواب عظمت اللہ خان سے اس کے تعلقات سے راجہ المورہ کا خائف ہونا، داود خان کا دھوکہ سے قتل، علی محمد خان اور روہیلوں کا کاشی پور سے فرار اور علی محمد خان کے نواب عظمت اللہ خان کی پناہ میں آنے سے متعلق تفاصیل دوسرے ماخذ کے مقابلہ میں زیادہ ہیں۔[1]

اگرچہ مولف نے مغل بادشاہ اور علی محمد خان کے مابین تعلقات کو اختصار کے ساتھ بیان کیا ہے تاہم اس بیان میں کیتھر میں تعینات مغل افسران کی باہمی رقابت جس کے نتیجہ میں تمام علاقہ بدنظمی اور خلفشار کا شکار تھا اس پر اچھی روشنی پڑتی ہے۔ اس علاقہ میں عظیم امراء وزیر قمرالدین خان، امیر خان اور صفدر جنگ کی جاگیریں تھیں جن کا انتظام ان امراء کے ملازمین کرتے تھے۔ ان ملازمین میں بھی رقابت اور دشمنی تھی لہٰذا اپنے علاقہ کے زمینداروں کے ذریعہ ایک دوسرے کی جاگیر کے دیہات میں تاخت وتاراج کراتے تھے۔ علی محمد خان ناظم مرادآباد کے زیر اثر تھا۔ نواب عظمت اللہ

---

[1] دیکھئے راقم الحروف کا مقالہ اردو زبان میں تاریخ نگاری کی ابتداء (رستم علی بجنوری کی تالیف قصہ واحوال روہیلہ کا تجزیہ) تحقیقات اسلامی، سہ ماہی، ادارہ تحقیق وتصنیف اسلامی، علی گڑھ، اکتوبر، دسمبر ۱۹۹۸، ص ۵۱

خان کی موت کے بعد اس کا بیٹا نواب معین الدین خان ناظم مراد آباد مقرر ہوا۔ پہلے کی طرح نواب قمر الدین خان کی جاگیر کا بندوبست بھی اس کی ذمہ داری تھی جب کہ چکلہ بریلی میں نواب امیر خان کی جاگیر کا انتظام خواجہ سرا دانش خان محلی کے سپرد تھا۔ آنولہ اسی جاگیر میں شامل تھا اور اس کا زمیندار جگ جیت سنگھ سرکش تھا۔ دانش خان محلی کی پشت پناہی کی وجہ سے وہ مراد آباد کے دیہات میں لوٹ مار کرتا تھا۔ تنگ آکر علی محمد خان نے آنولہ پر حملہ کردیا۔ دانش خان محلی جگ جیت کی مدد کے لئے اپنے ہیڈ کواٹرس قصبہ منونہ سے اپنی فوج کے ساتھ آیا۔ فریقین میں خونریز جنگ ہوئی جس میں دانش خان محلّی مارا گیا اور جگ جیت نے بھاگ کر جان بچانے کی کوشش کی۔ علی محمد خان نے اس کو آنولہ میں محصور کرلیا چند دن کے بعد اس کی گڑھی پر قبضہ کرلیا۔ جگ جیت کی شکست اور موت پر علی محمد خان نے آنولہ پر قبضہ کر کے اس کو اپنا ہیڈ کواٹرس بنا لیا۔ اس فتح کے نتیجہ میں علی محمد خان کے وسائل میں اس قدر اضافہ ہوا کہ اس نے دس ہزار سواروں اور پیادوں کی فوج قائم کرلی۔ اسی زمانہ میں روہ سے حافظ رحمت خان بن حسن خان بھڑیچ (آقا داود خان)، دوندے خان، پائندہ خان، بڈو خان، ستار خان اور پرمول خان روہیلے علی محمد خان کے پاس آگئے۔ علی محمد خان نے ہر ایک کو جائیداد[۱] کے طور پر گاؤں دیئے تاکہ وہ اپنے فوجی دستے قائم کرسکیں۔ کچھ عرصہ کے بعد علی محمد خان نے داؤد خان کے قتل کا راجہ المورہ سے انتقام لینے کی غرض سے اس سے جنگ شروع کردی۔ اس نے کاشی پور سے پہاڑی دامن تک تمام علاقہ پر قبضہ کرلیا۔ اس کے علاوہ بریلی کے گرد و نواح پر بھی قبضہ کرلیا جو کہ علی محمد خاں کے سرپرست وزیر قمر الدین کے مخالف امراء کی جاگیروں میں شامل تھا۔ جب مراد آباد کے ناظم نواب معین الدین کی اچانک موت ہوئی تو وزیر کے مخالف امراء نے بادشاہ محمد شاہ سے راجہ ہرنند کو

۱۔ روہیلوں نے مغل جاگیر کی بجائے جائداد کی اصطلاح استعمال کرنی شروع کی تھی۔ مغل شہنشاہوں کے عروج کے زمانہ میں ہر جاگیر تقریباً تین سال کے بعد جاگیر سے جاگیر دار کا تبادلہ ہوجاتا تھا برخلاف اس عہد کی جائیداد مستقل طور پر دی جاتی تھی جو کہ امیر کی وراثت بن جاتی تھی۔

مرادآباد کا ناظم بنوایا تاکہ وہ کیتھر میں روہیلوں کو کچل دے۔ ہرنند دہلی سے بیس ہزار سوار اور پیادوں کی فوج کے ہمراہ روانہ ہوا۔ راستہ میں علاقہ کے زمیندار شاہی فرمان کی بجا آوری کے سلسلے میں اپنی اپنی فوجوں کے ساتھ ہرنند کی مدد کے لئے اس سے آملے۔ راجہ ہرنند نے چندوسی کے قریب پڑاؤ کیا۔ یہیں علی محمد خان نے دس ہزار کی روہیلہ فوج کے ساتھ اس کا مقابلہ کیا۔ دس گیارہ دن کی جھڑپوں کے بعد خونریز جنگ ہوئی جس میں بادشاہی فوج ہار گئی ہرنند نے بھاگ کر جان بچانی چاہی لیکن وہ بھی قتل ہوگیا۔ اس فتح کے نتیجہ میں روہیلوں کا قریب قریب تمام کیتھر پر تسلط قائم ہوگیا۔ پورے علاقہ کی سالانہ آمدنی (جمع) پچاس لاکھ روپیہ تھی۔ لہٰذا علی محمد خان نے جلد ہی پچاس ہزار سوار اور پیادوں کی فوج قائم کرلی۔

راجہ ہرنند کی شکست کے بعد روہیلوں نے المورہ پر حملہ کردیا۔ دفاعی کوششوں میں ناکام ہوکر الموڑہ کا راجہ دیپ سنگھ الموڑہ کے قلعہ میں پناہ لینے پر مجبور ہوگیا۔ مشکل سے الموڑہ کا راستہ معلوم کرنے کے بعد جب روہیلہ الموڑہ کے قریب پہنچے تو راجہ مع شہریوں کے اپنے پایہ تخت سے بھاگ گیا۔ روہیلوں نے الموڑہ کو لوٹا۔ دوماہ کے قیام کے بعد روہیلوں نے امید سنگھ راجپوت کو مطیع حکمراں کے طور پر الموڑہ سپرد کیا اور آنولہ واپس آئے۔[۱] الموڑہ کے راجہ مغل شہنشاہ کو سالانہ خراج دیتا تھا۔ اس کی شکست اور شہنشاہ کے بجائے اس کا علی محمد خان کا مطیع ہونا مغل دربار کے لئے کھلی چیلنج تھا۔ محمد شاہ بادشاہ نے سنجیدگی سے روہیلوں کی طاقت ختم کرنے کا فیصلہ کیا لیکن اسی زمانہ میں نادرشاہ کے ۱۷۳۹ء میں حملہ نے روہیلوں کے خلاف کاروائی کو التوا میں ڈال دیا۔

---

[۱] ہمارے مولف نے الموڑہ اور گڑھوال کے راجاؤں سے روہیلوں کی صلح اور اس سے متعلق عہد نامہ کی تفاصیل چھوڑ دی ہیں۔ گلستان رحمت کے مطابق الموڑہ کو حافظ رحمت خان کی سپہ سالاری میں فتح کیا گیا تھا۔ صلح نامہ کے مطابق راجہ الموڑہ نے تین لاکھ روپیہ سالانہ خراج دینا قبول کرلیا تھا۔ دیکھئے گلستان رحمت، ورق ۲۱ الف و ب

رستم علی نے نادر شاہ اور ہندوستانی فوج کے درمیان جنگ کو اختصار کے ساتھ بیان کیا ہے نادر شاہ کی دہلی میں آمد اور وہاں اس کے حکم سے قتل عام کا تذکرہ بالکل نہیں کیا ہے۔ صرف اتنا لکھا ہے کہ صلح ہونے کے بعد نادر شاہ قندھار کی طرف لوٹ گیا لیکن علی محمد خان کی فوجی طاقت اور اس کا پورے کٹیھر پر تسلط کو تفصیل سے بیان کیا ہے۔ اسی طرح دربار شاہی میں ایرانی امراء کے گروہ کے اثر میں بادشاہ محمد شاہ کا روہیلوں کی سرکوبی کے لئے دہلی سے مہم پر جانے کے بارے میں اہم تفصیل بہم پہنچائی ہے۔ ۱۷۴۵ء میں بادشاہ دہلی سے مہم پر روانہ ہوا۔ صفدر جنگ اور امیر خان ایرانیوں کے سربراہ تھے اور نادر شاہ کے واپس ہونے پر ان کا دربار شاہی میں اثر بڑھ گیا تھا۔ کیونکہ روہیلہ بادشاہی فوج کا مقابلہ کرنے کی حالت میں نہیں تھے لہذا علی محمد خان اپنی فوج کے ساتھ آنولہ سے بن گڑھ چلا گیا جہاں پر گھنے جنگلوں کی وجہ سے وہ اپنے آپ کو زیادہ محفوظ سمجھتا تھا۔ بادشاہی فوج نے بن گڈھ کو گھیر لیا لیکن کئی ماہ تک روہیلہ قزاقانہ طریقہ سے جنگ کرتے رہے۔ مغل امراء میں باہمی دشمنی ہونے کی وجہ سے روہیلوں کی سرکوبی مشکل تھی۔ وزیر قمر الدین خان اور ایرانی امراء صفدر جنگ اور امیر خان کے درمیان دشمنی تھی۔ دوسرے علی محمد خان کے وزیر قمر الدین سے اچھے تعلقات تھے وہ اس کی جاگیر کی پوری آمدنی اس کے پاس برابر بھیجتا رہا تھا۔ کئی ماہ کے بعد جب اس نے دیکھا کہ بادشاہ واپسی کے لئے بے چین ہے تو وزیر نے بادشاہ کو مشورہ دیا کہ اگر وہ علی محمد خان کی جان بخشی اور اچھے سلوک کا وعدہ کریں تو وہ علی محمد خان کو دربار میں حاضری کے لئے آمادہ کر لے گا۔ بادشاہ نے وزیر کی تجویز کو مان لیا۔

بادشاہ نے علی محمد خان کو ایک سال تک دہلی میں وزیر قمر الدین خان کی تحویل میں رکھا۔ ایک سال کے بعد وزیر کی سفارش پر بادشاہ نے علی محمد خان کو سرکار سرہند کا فوجدار بنایا اور اس سے امید کی کہ وہ وہاں جاٹوں کی سرکشی کو ختم کرے گا۔ جاٹوں کا سرغنہ پٹیالہ کا زمیندار الہاسنگھ تھا۔ علی محمد خان نے الہاسنگھ کو شکست دے کر تمام سرکار سرہند میں امن و امان قائم کیا۔ علی محمد خان ۱۷۴۷ء تک سرہند میں مقیم رہا۔ جب اس

سال احمد شاہ ابدالی نے حملہ کیا تو علی محمد خان سرہند سے بھاگ کر کٹیہر واپس آ گیا۔ رستم علی نے علی محمد خان کے بغیر شاہی اجازت کے سرہند کو چھوڑ کر کٹیہر جانے کا تذکرہ نہیں کیا ہے لیکن اس نے مغل فوج کی احمد شاہ ابدالی سے جنگ کو دلچسپ پیرایہ میں بیان کیا ہے۔ وہ مغل شہزادہ اور ولی عہد احمد شاہ کی بہادری، وزیر قمر الدین خان کی جنگ میں موت، احمد شاہ ابدالی کی شکست اور افغانستان کو واپسی، بادشاہ محمد شاہ کی موت، اس کے بیٹے شہزادہ احمد شاہ کی تخت نشینی اور صفدر جنگ کی عہدہ وزارت پر سرفرازی سے متعلق تمام تفاصیل بیان کی ہیں۔ اسی طرح علی محمد خان کے کٹیہر پر دوبارہ تسلط قائم کرنے کا تذکرہ ہے کہ واپسی پر علی محمد خان نے اپنے اہل وعیال کو کاشی پور میں چھوڑا اور چتر بھوج کھتری ناظم مراد آباد سے جنگ کرنے کے لئے آگے بڑھا۔ چتر بھوج نے مقابلہ کیا لیکن اس کی ہار ہوئی اور وہ بھاگ کر شہجہان آباد پہنچ گیا۔

علی محمد خان نے چتر بھوج پر فتح کے بعد خطہ کیٹھر کا از سر تو بندوبست کیا۔ اپنے ساتھیوں میں علاقہ تقسیم کیا۔ یہاں پر جاگیر کی اصطلاح کی بجائے جائداد کی اصطلاح استعمال کی گئی ہے۔ حافظ رحمت خان کو چودہ لاکھ روپیہ جمع کی جائداد میں پیلی بھیت، بریلی اور بداون کے محلات دئے گئے۔ دوندے خان کو بارہ لاکھ روپیہ جمع کی جائداد میں سنبھل، مراد آباد، نرولی اور کاشی پور کے محلات دئے گئے۔ سردار خان بخشی کو نو لاکھ روپیہ جمع کی جائداد میں اسد پور، بھیجوئی، علی گنج وگیرہ ملے۔ فتح خان خانسامان کو سات لاکھ کی جائداد میں بداون، منونہ، وغیرہ محلات دئے۔ محمد خان پسر داود خان کو برولی اور کئی دوسرے گاؤں دیئے۔ اس کے علاوہ جو روہیلہ رسالہ دار تھے ان کو علاحدہ علاحدہ گاؤں دیئے۔

رستم علی نے علی محمد خان کی تاریخ وفات ۱۷۴۸ء کا ذکر نہیں کیا ہے لیکن اس کے بعد کے واقعات کو بڑی تفصیل سے بیان کیا ہے۔ علاوہ ازیں احمد شاہ مغل بادشاہ کے عہد میں دہلی کے سیاسی حالات، خاص طور پر صفدر جنگ کی وزارت اور اس کی مطلق العنانی، فرخ آباد کے نواب قایم خان بنگش کے صفدر جنگ سے تعلقات، احمد شاہ ابدالی

کے ہندوستان پر حملے اور کیتھر میں روہیلوں کے سیاسی رویہ کو بڑی تفصیل اور بے تعلقی کے ساتھ لکھا ہے۔ چونکہ رستم علی ایک انگریز فوجی افسر کی ملازمت میں اپنی تاریخ مرتب کررہے تھے وہ صفدر جنگ پر کھلے الفاظ میں تنقید کرنا مصلحت کے خلاف سمجھتے تھے کیونکہ انگریزوں اور اودھ کے نوابین میں دوستی تھی لہٰذا انہوں نے بین السطور لکھتے ہوئے تنقید اشاروں اور کنایوں میں کی ہے۔ رستم علی کے طرز تحریر سے روہیلہ سرداروں کی عوام سے ہمدردی اور صفدر جنگ اور اس کے جانشینوں کی اودھ کے باہر شہر اور قصبات کی تاخت و تاراج پر روشنی پڑتی ہے۔

یہ بات بھی قابل ذکر ہے کہ 'قصہ و احوال روہیلہ' کی تفصیل سے حافظ رحمت خان کے علاوہ دوسرے روہیلہ سرداروں کے تاریخی اہمیت کے کارناموں پر بہت خوب روشنی پڑتی ہے۔ حقیقتاً علی محمد خان کی موت کے بعد نواب دوندے خان عظیم فوجی قائد اور سیاسی تدبر کا حامل نظر آتا ہے۔ مثال کے طور پر روہیلوں کی قائم خان بنگش سے جنگ کے تذکرہ میں لکھا ہے کہ بادشاہ احمد شاہ کے فرمان کے مطابق نواب قایم خان بنگش ایک لاکھ سوار اور پیادوں کی فوج اور توپ خانہ کے ساتھ کیتھر کی جانب چلا۔ روہیلہ فوج بھی حافظ رحمت خان کی قیادت میں بداون کے باہر خیمہ زن ہوئی۔ حافظ رحمت خان نے صلح کے لئے نواب بنگش کو لکھا: ''تم ہمارے سارے پٹھانوں کے سردار ہو خاوند، ہم سب نوکر ہیں، تابع حکم کے ہیں، ملک سے کچھ کام نہیں، جان بخشی ہماری ہو، کچھ بموجب خرچ کے جائداد مقرر ہو، قایم خان نے جواب دیا کہ وہ ان کو زندہ شاہجہان آباد پہنچا سکتا ہے اس کے علاوہ کچھ کرنے سے قاصر ہے۔'' بہرحال دونوں فوجوں میں جنگ ناگزیر ہوگئی۔

کیتھر کے روہیلوں نے اپنی فوج کو دو حصوں میں بانٹ دیا۔ ایک حصہ کو حافظ رحمت خان اپنے ساتھ لے کر مخالف فوج کے سامنے آگئے۔ دوسرے حصے کو دوندے خان، ستار خان اور سعد اللہ خان توپ خانے کو لے کر ایک باجرے کے کھیت میں چھپ گئے۔ اگلے دن جب نواب قایم خان ہاتھی پر سوار تین ہزار سواروں کے ساتھ

شکار کے لئے نکلا تو اس نے حافظ رحمت خان کو سامنے پا کر اس پر حملہ کر دیا۔ بانوں[1] اور بندوقوں کا استعمال شروع ہوا۔ کچھ دیر ٹھہرنے کے بعد حافظ رحمت خان باجرے کے کھیت کی جانب بھاگا۔ قایم خان نے تعاقب کیا۔ دوندے خان نے اپنے بان اندازوں کو حکم دے رکھا تھا کہ جب تک اس کا حکم نہیں ہوگا کوئی عمل نہیں کرے گا یعنی بان یا گولہ نہیں چھوڑے گا۔ جوں ہی قایم خان بنگش باجرے کے کھیت کے توپ خانہ کی زد میں آیا تو دوندے خاں کے حکم پر اس کے سپاہیوں نے بانوں اور گولوں کی بارش شروع کر دی۔ قایم خان گولہ لگنے سے مارا گیا۔ اس کی فوج بھاگنے لگی۔ کیتھر کے روہیلوں کی فتح ہوئی۔

قایم خان بنگش کے ورثاء کو اس کی قربانی کا اچھا صلہ ملنے کے بجائے صفدر جنگ کی فریب دہی کے باعث قید و بند کا شکار ہونا پڑا۔ صفدر جنگ نے نوعمر اور ناتجربہ کار بادشاہ احمد شاہ کو ورغلایا کہ نواب بنگش کے خزانے اور املاک پر قبضہ کر لینا چاہیے۔ بادشاہ لالچ میں آگیا۔ فرخ آباد کے محلات کو لوٹ لیا گیا اور قایم خان کی ماں اور اس کے دوسرے ورثاء کو گرفتار کر لیا گیا۔ رستم علی کے بیان سے عوام میں بنگش نواب کی مقبولیت اور صفدر جنگ سے نفرت اچھی طرح معلوم ہوتی ہے۔ رستم علی نے لکھا ہے کہ صفدر جنگ نے قایم خان بنگش کی ماں کو یقین دلایا کہ ان کے بادشاہ کو نذر پیش کرنے پر قایم خان کے وارث کو جاگیر کے سلسلے میں فرمان اور خلعت عطا ہوگی۔ صفدر جنگ کی یقین دہانی پر قایم خان کی ماں اور دوسرے ورثا اشرفیاں، روپیہ اور جواہرات کی کشتیاں لے کر دربار میں حاضر ہوئے۔ لیکن وہ سب قید کر لئے گئے۔ اور فرخ آباد پر صفدر جنگ کا قبضہ ہو گیا صفدر جنگ نے اپنے نائب راجہ نول رائے کو ایک بڑی فوج دے کر بنگش نواب کے علاقہ کا گورنر بنا دیا۔ نول رائے نے قنوج کو اپنا فوجی مرکز بنایا۔ نول رائے کی مدد کے لئے میر محمد صلاح خان سادات بارہہ کو بھی چار ہزار سواروں کی فوج

---

[1] بان بارود سے بھرا ہتھیار ہوتا تھا جس کو تیر آتشین بھی کہا جاتا تھا۔ اس کی ترقی یافتہ شکل موجودہ روکٹ ہے۔ گولے توپ سے چھوڑے جاتے تھے۔

کے ساتھ وہاں تعینات کیا۔ فرخ آباد کے پٹھانوں کے ساتھ طرح طرح کی بدسلوکی ہوئی ان کو معاشی طور پر تباہ کر دیا گیا۔ تنگ آکر پٹھانوں نے بغاوت کی اور نول رائے اور محمد صلاح کو قتل کر دیا۔ بغاوت اور جنگ کے احوال میں صفدر جنگ اور محمد صلاح خان سید بارھہ اور پٹھانوں کے مذہبی اعتقادات میں جو فرق تھا اس کو بھی بخوبی ظاہر کیا ہے۔ مثال کے طور پر نول رائے کے ساتھی محمد صلاح خان نے روہیلوں پر ''یا علی'' کہہ کر حملہ کیا۔ پٹھانوں نے ''الا اللہ'' کا نعرہ لگاتے ہوئے اس کا مقابلہ کیا۔ جب محمد صلاح خان قتل ہو گیا تو نول رائے میدان سے بھاگا لیکن پٹھانوں نے اس کو پکڑ کر قتل کر دیا چونکہ نول رائے کے قتل اور اپنی فوج کی شکست سے صفدر جنگ کے وقار کو ٹھیس پہنچی تھی لہٰذا اس نے راجہ سورج مل جاٹ کے ساتھ فرخ آباد پر حملہ کر دیا۔ لیکن صفدر جنگ کو بھی شکست ہوئی اور وہ بامشکل تمام اپنی جان بچا کر بھاگا دوسری مرتبہ اس نے روپیہ دے کر مرہٹہ فوج کو بلایا اور ایک لاکھ سپاہیوں کی فوج کے ساتھ حملہ آور ہوا۔ بنگش نواب احمد خان نے کیتھر کے روہیلوں کو برادری (قوم) کا واسطہ دے کر اپنی مدد کے لئے بلایا اور صفدر جنگ کا مقابلہ کیا۔ پٹھانوں نے تحفے تحائف دے کر بادشاہ کے معتمد نواب جاوید خان (خواجہ سرا) کو اور مرہٹہ سردار ملہار راؤ کو اپنا حامی بنالیا۔ ان دونوں نے صفدر جنگ کو صلح کے لئے مجبور کیا۔ ان کے دباؤں میں آکر صفدر جنگ کو شاہجہاں آباد لوٹنا پڑا۔ شاہجہاں آباد میں صفدر جنگ نے جاوید خان کو قتل کر دیا۔ یہ قتل بادشاہ اور وزیر صفدر جنگ میں لڑائی اور جنگ کا موجب بنا۔

بادشاہ اور وزیر کے درمیان خانہ جنگی کی تفاصیل بھی بڑی معروضیت کے ساتھ درج کی ہیں۔ اس خانہ جنگی میں نجیب الدولہ کا سیاسی عروج، صفدر جنگ کا دہلی سے فرار اور اس کے بعد کے تمام تاریخی واقعات پر دلچسپ روشنی ڈالی گئی ہے۔ احمد شاہ ابدالی کے حملے، مرہٹہ فوج کا دہلی پر قبضہ اور پانی پت کی تیسری جنگ سے متعلق بہت سا مواد ایسا ہے جو کہ معاصر فارسی تاریخوں میں موجود مواد میں گرانقدر اضافہ کہا جا سکتا ہے۔ لہٰذا یہ کہنا مبالغہ آمیز نہ ہوگا کہ رستم علی بجنوری کی تالیف اردو میں تاریخ نگاری کی تاریخ میں پہلی تاریخ ہی نہیں ہے بلکہ خطہ کٹیہر یا روہیل کھنڈ پر بھی علم تاریخ کا پہلا

اہم شاہکار ہے۔ فارسی میں اس کے بعد جو کتابیں لکھی گئی ہیں ان میں مبالغہ آرائی اور جانبداری سے تاریخی واقعات کو پیش کیا گیا ہے۔ یقیناً قصہ واحوال روہیلہ کے مخطوطہ کی دریافت ہمارے لئے ہندوستان کے عہد وسطی کے تاریخی لٹریچر میں گرانقدر اضافہ ہے۔ اس کی ادبی اور تاریخی اہمیت کے پیش نظر اس کے متن کو ضروری حواشی اور مقدمہ کے ساتھ پیش کیا گیا ہے۔

اقتدار حسین صدیقی

۶۱ - احمد نگر، سول لائنس،

علی گڑھ

بسم اللہ الرحمٰن الرحیم

دیباچہ

جو کچھ کہ تو کرے او سے اے قادرِ کمال
دریافت کرسکے تو بشر کی ہے کیا مجال
ادنا سے کراتا ہے اعلیٰ ذلیل و خوار
پشہ سے کراتا ہے نمرود پائمال
بوجھل سبکسار ہو احمد کی ذات سے
صلوا علی واللہ کہہ روز ماہ و سال

پیچھے حمد ونعت کے بندہ رستم علی رہنے والا بجنور سرکار سنبھل مضاف صوبہ دارالخلافہ شاہجہان آباد کا، بیچ دارانگر سرکار صوبہ مذکور کی کہ چھاونی صاحبان عالیشان انگریز بہادر کی ہے۔ آیا ملازمت جناب فیض کا باب، قدر کا جاننے والا، ہنر کا پہچاننے والا، صاحب والا مناقب، جان ہارس فورڈ بالمشہور اسپٹ صاحب بہادر ہمیشہ رہو اقبال اوسکا، حاصل کی نظر پرداخت کی فرمائی۔ بعد کئی دنوں کے ارشاد فرمایا: علی محمد خان وغیرہ روہیلہ ملک کیٹھر میں شاہجہان پور سے تمام تلہٹی پہاڑ کی سے تو (تا) ہردوار کنارے دریا وگنگ تئین کس طرح قابض متصرف ہوئے اگر تو کچھ جانتا ہے زبان ہندی اردو میں بیان کرتو کہ (تاکہ) نوآموز کاروں زبان ہندی تئیں پڑھنے اوسکے سے فائدہ حاصل ہو۔ بندہ اگرچہ خوب ہوش جمع کرنے اس احوال کا نہ رکھے تھا فاما حکم صاحب والا مناقب سے عذر مناسب نہ جانا، پس جو کچھ سنتا تھا اور جانتا تھا لکھتا ہے۔

باب اول

اونا داود خاں کا ولایت سے

حسن خان روہیلہ قوم بہڑیچ نے ایک لڑکا خیبری کیئی روپیوں مول لیا۔ نانو اوسکا داود خان رکھا جب داود خان جوان ہوا اتفاقاً حسن خان سے روپوش ہوکرتن تنہا پیشور (یعنی پشاور) میں آیا۔ نواب ناصر جنگ صوبہ پیشور کے نوکر رہا۔ نصیبوں نے یاری دی دو سال میں قریب دو ہزار روپیہ کے حاصل ہوئے۔ بعد گزرنے کئی دنوں کے نوکری چھوٹی (چھوڑی)۔ جی میں خیال کیا کچھ گھوڑے خریدیئے طرف ہندوستان کے چلیے۔ چنانچہ داود خان نے کئی گھوڑے بچھیڑی ترکی کرکے طرف ہندوستان کے چلا۔ کئی روزوں میں داخل شاہجہاں آباد میں ہوا۔ دو مہینے تک وہاں رہا۔ سودا موافق نہ آیا۔ لاچار وہاں سے ارادا دامن کوہ کا کیا عبور دریا گنگ کرکے بیچ شاہ آباد پاس راجا مدھکر کے آیا۔ نوکر رہا۔ چند روز میں جمعیت تین سو چار سو سوار پیادہ کی جمعیت جمع ہوئی۔ بعد کتنے دنوں کے راجا مدھکر نے وفات پائی۔ داود خان نے دیپ سنگھ راجا الموڑہ کے سی (لئے) تحفہ تحایف شاہجہاں آباد وغیرہ سے منگائے رابطہ اخلاص گرم کیا تھا۔ دیپ سنگھ مذکور (نے) محالات گھاٹی پہاڑ کی اور کاشی پور وغیرہ جمع تیرہ لاکھ روپیہ کی داود خان کو تفویض کیے۔ جمعیت دو تین ہزار سوار و پیادہ کی رہتی تھی۔ بندوبست خوب کیا تحصیل قرار واقعی ہوتی تھی۔

قید میں آنا علی محمد خان کا

زمیندار مقدم گانو بنکولی عملہ پرگنہ رچھا جہان آباد کا تابع چکلہ[۱] بریلی سرکار

---

[۱] شاہجہاں کے عہد میں بڑی بڑی سرکاروں کو چکلوں میں تقسیم کردیا تھا، انتظامی سہولت کے لئے ایک چکلہ میں کئی پرگنے شامل تھے۔

بداون کبھی کبھی قزاکی (قزاقی) کرتا اور کتنے حرام زادے چوری کے کرنے والے گانو گردو پیش کے رفاقت میں اوسکے رہتے تھے چنانچہ کچھ راس بیل دیہات فوجداری محالات داود خان کے میں سے بھی چوری اوس گانو بنکولی میں معلوم ہوئے۔ داود خان نے معلوم کیا اور اپنے دل میں سوچا، اگر یہ زمیندار سراسر مایہ فساد جماعت حرام زادوں کے ساتھ کچھ مدت اسی طرح رہے گا بندوسبت ہمارے میں بھی سستی آویگی، پس یہی صلاح ہے۔ اچانک اس گانو بنکولی کو ماریئے ہرکارہ معتبر ہوشیار کو بنکولی میں تعین کیا اور فرمایا: جس وقت فراغت کا مناسب دیکھیو جلد عرض کیجیو۔ ہرکارہ موافق حکم کے رخصت ہوا۔ لباس فقیروں کے گانو بنکولی میں رہتا تھا، جب ایام ہولی کے آئے اکثر زمیندار مقدم رعیت شبانہ روز ہولی کھیلتے، نشہ میں بے ہواس رہتے۔ ہرکارہ نے خبر پہنچائی، دِن ہولی کے اگر آپ اچانک سوار ہوجیئے تو بہتر ہے داود خان منتظر وقت کا رہا۔

القصہ تاریخ تیرہویں مہینہ ذی حجہ سن تیرہ جلوس معلّٰی موافق سن گیارہ سوتیتالس ہجریہ مقدسہ (مطابق ۱۷۳۰ء) کے کہ دن ہولی کا تھا تمام ہندو مرد عورت گاوتی بجاوتی (گاتی بجاتی) نشہ میں چور بے ہواس تھے کہ داود خان تھوڑے سے سواروں سے سوار ہوا گانو بنکولی کو جا گھیرا۔ اکثر گانو والے بے ہواس تھے، بعضی کہ تھوڑے ہوش میں تھے دو چار بندوق چلائیں۔ آخرش سوار گانو میں دھنس گئے۔ کتنے ہندو مارے کتنے زخمی کیئے، بتیس آدمی چھوٹے بڑے پکڑے آئے۔ اون سبھوں میں ایک لڑکا عمر برس دس گیارہ کا نہایت خوبصورت، رنگ سرخ سپید، میٹھی زبان پیاری پیاری باتیں قوم جاٹ کا، پریم سنگھ نانو (نام) بھی قید میں آیا۔ داود خان نے اوسکو دیکھا، نزدیک بولایا باتیں سنیں، بے اختیار جی کو بھایا، کمال شفقت، سے فرزند اوسکو کہا، علی محمد خان نانو رکھا سنت ختنہ کی بموجب مذہب محمد صلعم کے فراغت پائی۔ بعد فرصت ختنہ کے اوس لڑکے کو معلم باعمل کو سپرد کیا۔ تو کہ نماز پنجگانہ تلاوت قرآن شریف کے اور مسائل ضروریہ مذہب مسلمانوں کے سے خوب واقف ہو۔ جو پٹھان کہ اوس لڑکے کو لایا تھا بائیس روپیہ نقد

ایک دوشالا اوسکو بخشا۔[1]

ولی عہد ہونا علی محمد خان کا طرف داؤد خان سے

روز بروز غور پرداخت علی محمد خان کی میں کوشش بہت ہوتی تھی۔ دو تین برس میں قابل ہر فن کا چنانچہ فنون سپہ گری کے جیسے سواری گھوڑے کی تیر اندازی، بندوق اندازی میں مشہور معروف ہوا، عالم علم فارسی کا عربی کا، سیاق کا ہوا، داؤد خان کا بیٹا محمد خان نا نوصلبی تھا فاما علی محمد خان سے بہت سا بہت خوش ہوا چنانچہ ایک روز پندرہ جلوس محمد شاہی (۳۲ء۱۷) میں سارے پٹھان سردار چھوٹے بڑوں کو بلوا کے علی محمد خان کو ولی عہد اپنا کیا۔ بیٹا، بھائی، بھتیجے رفیق، سپاہ، نوکر، شاگرد پیشہ سپرداو سکے کئے نقدی، جنس، ہاتھی گھوڑوں پر مالک مختار کیا۔ علی محمد خان نماز روزہ میں مشغول رہتا، اکثر وقت خدمت فقرایون صاحب کمال کی میں حاضر رہتا، امورات دنیاوی جیسے خبرداری سپاہ کی، تحصیل، بندوبست پرگنات کی نیک طرح سے سرانجام کرتا، ایسی وضع سے سپاہ اور نوکر اور زمیندار رعیت سب خوش رہتے تھے۔ راجا دیپ سنگھ اس احوال پر

---

[1] مستجاب خان مولف گلستان رحمت نے داود خان کا ذکر بڑے اختصار کے ساتھ کیا ہے۔ دراصل مستجاب خان کی توجہ کا مرکز ان کے اپنے والد حافظ رحمت خان تھے۔ ان کے مطابق داود خان کئی پشتوں سے حافظ رحمت خان کے باپ دادا کا خانہ زاد تھا لیکن بڑے بننے کی ہوس میں وہ اپنے آقا کے گھر سے فرار ہو گیا تھا۔ دو تین خانہ بدوش لوگوں کے ہمراہ وہ بادشاہ بہادر شاہ اول کے عہد (۱۷۰۷ء تا ۱۷۱۲ء) میں ہندوستان آیا اور کیتھر کے علاقہ میں موضع مدھکر کے ہندو زمیندار مدار شاہ کا ملازم ہو گیا۔ مدھکر سرکار بداون میں شامل تھا۔ اورنگ زیب کی موت کے بعد زمیندار سرکش ہو گئے تھے اور انہوں نے لوٹ مار شروع کر دی تھی۔ مستجاب خان نے داود خان کے بنکولی پر حملہ کے زمانہ کو داود خان کے اس کے راجہ الموڑہ کی ملازمت میں داخل ہونے سے پہلے بتایا ہے۔ وہ کہتے ہیں کہ داود خان نے اچانک حملہ کر کے زمیندار کو شکست دی اور گاؤں کے بہت سے لوگوں کو قیدی بنا لیا۔ قیدیوں میں ایک سات آٹھ سال کا جاٹ لڑکا بھی تھا۔ اس کو مشرف بہ اسلام کیا اور اس کا علی محمد خان نام رکھا اور ''بفرزندی خود اقتصاص داد'' دیکھئے گلستان رحمت، مخطوطہ عبدالسلام کلکش، مولانا آزاد لائبریری، علی گڑھ نمبر 46 /80 فارسی، ورق ۳ب تا ۷ب۔

مطلع ہوا۔ اپنے جی میں سوچا داؤد خان قوم پٹھان ہے اور رعیت موافق، اگر اسی طرح چار پانچ برس اور بھی یہ پرگنے اس کی تحصیل میں رہیں گے تغیر کرنا مشکل ہوگا۔ جوشی نانو دیوان راجا دیپ سنگھ کا جو گھاٹی پہاڑ کی میں رہتا تھا۔ چھپی چھٹی لکھی اس مضمون سے، موافقت رعیت پرگنات کی داؤد خان سے بہت ہے اور پرگنے والے حکم میں ہیں۔ تصرف داؤد خان کا ان پرگنات پر مزاج میں پسند نہیں ہے پس یہی بہتر ہے کہ اگر تمہارا قابو پہنچے داؤد خان کو مارلو یا قید کرو۔ جوشی نے چھٹی راجا دیپ سنگھ کی پڑھی در جواب عرضی لکھی اگر کچھ نوکر حضور کے تعینات بندے کے ہوں البتہ اقبال مہاراج کے سے یہ کام سر انجام ہوگا، راجا نے عرضی پڑھی، کئی سو سوار کئی سو پیادہ نو ملازم بہانہ......[1]

علی محمد خان نے شہید ہونا داؤد خان کا اور تباہ ہونا فوج اور آنا جوشی کا بر سر فساد سنا۔ کمال افسوس کیا سوائے صبر کے اور چارا نہ دیکھا۔ جو جمعیت کہ تھوڑی بہت موجود تھی، سوار ہوکر مقابل جوشی کے ہوا، ہمراہی علی محمد خان کے دیکھتے ہی فوج جوشی کے

---

[1] یہاں پر کاتب نے غلطی سے یا عجلت میں باقی عبارت جو کہ داود خان کے قتل ہونے سے متعلق تھی چھوڑ دی ہے۔ بعد کے فارسی ماخذ گلستان رحمت میں تفصیل اس طرح ملتی ہے:

"داود نوکری مدار شاہ (زمیندار بنکولی) گزاشتہ پیش دیبی چند راجہ کوہ کمایون رفتہ نوکر شد و درہمیں ایام عظمت اللہ خان حاکم مرادآباد خلف مولوی عصمت اللہ نبیرہ عبدالقادر فاروقی لکھنوی بارادہ گرفتن رودر پور وکاشی پور متعلقہ راجہ مذکور روانہ شد۔ راجہ نیز جمعیت فراہم نمودہ بجنگ پیش آمد۔ در ظاہر رودر پور واقعہ دامنہ کوہ تلاقی طرفین دست داد، بعد ستیز و آویز چند روزہ داود کہ سرشتہ لشکر راجہ بود خفیہ پیغام سازش بہ عظمت اللہ خان کرد۔ ایشان بوعدہ رنگین تسکین نمودند، داود بموجب قرارداد از معرکہ با جمعیت خود فرار نمود تا شکست بر لشکر راجہ افتاد۔ در اثنای گریز داود خواست کہ راجہ را بہ بہانہ زر تنخواہ گرفتہ پیش عظمت اللہ خان برد، بسبب کثرت سپاہ اورا اینمعنی میسر نشد، راجہ بصد حیلہ از دست او خلاصی یافتہ بکوہ برآمد...... کس پیش داود کہ بجمعیت خود دامنہ کوہ استقامت داشت فرستاد کہ با مخصوصان خود آمدہ زر تنخواہ بگیرد۔ داود خرم و احتیاط از دست دادہ بطمع دنیاوی بالائی کوہ برآمد و بپائی خود در مغاک ہلاک افتاد، راجہ مذکور او را معہ چند جمعہ دار گرفتہ بقید شدید انداخت پس ازاں بہمراہانش بالا تمام بکشت، گلستان رحمت، ورق ۱۰ ب تا ۱۱ اب۔

بے ہواس ہوئے، روبقرار رکھا، علی محمد خان نے دیکھا لڑائی بگڑی اب اس فوج سے لڑنا گویا سر پہاڑ سے پھوڑنا ہے لاچار پانچ سواروں سے ارادا مرآباد کا کیا جلد آ پہنچا نواب عظمت اللہ خان ناظم مرادآباد وغیرہ۔

محالات سرکار سنبھل کے پاس آیا، ملازمت حاصل کی۔ نواب عظمت اللہ خان پر احوال کاردانی اور شعور علی محمد خان کا معلوم تھا۔ چھاتی لگایا، کئی گھوڑے، کچھ پارچا، کچھ نقد بخشا اور فرمایا جو سوار پیادا تمہارے ساتھ کا جس وقت آوے نوکر ہے۔ علی محمد خان آداب بجالایا۔ تھوڑے سے دنوں میں محمد خان بیٹا داؤد خان کا اور رفیق کیتنے ایک قریب چارسو پانچ سوسوار پیادہ کے پاس علی محمد خان کے جمع ہوئے۔ اکثر سوال جواب فوجداروں محالات کا اور رسالہ داروں، جماعہ داروں، سپاہ کا علی محمد خان سے واسطہ رکھتا تھا، سن سترہ جلوس والا محمد شاہی میں نواب عظمت اللہ خان مرحوم نے اس عالم فانی سے طرف ملک جاودانی کے رحلت فرمائی۔ حضور اقدس اعلیٰ حضرت محمد شاہ بادشاہ کے سے خلعت نظامت مراد آباد وغیرہ محالات کا نواب معین الدن خان خلف الصدق نواب عظمت اللہ خان مرحوم کو صادر ہوا۔ بندوبست بدستور رہا، علی محمد خان زیادہ پہلے سے مختار ہوا۔ سب اسباب امرائی کا ہاتھی، گھوڑے، پالکی موجود ہوا۔ بطور امرایون عالیشان کے سرانجام ہوا۔ چنانچہ ایک ہزار سات سے گانو رام پور وغیرہ پرگنے شاہ آباد وغیرہ کے زرخرید کیئے۔ جمعیت دو ہزار سوار کی سے بیچ رامپور کے رہنا اپنا اختیار کیا۔ [1]

---

[1] یہاں رستم علی بجنوری کی زبان مبہم ہوگئی ہے، بظاہر معلوم ہوتا ہے کہ اُس نے پرگنہ شاہ آباد وغیرہ میں ایک ہزار سات سو گاؤں خرید لئے تھے اور ایک بڑا زمیندار بن گیا تھا لیکن یہ بیان صحیح نہیں ہے کیونکہ اس زمانہ میں ایک پرگنہ میں پچاس سے ڈیڑھ سو گاؤں تک شامل ہوتے تھے۔ مولف گلستان رحمت کے مطابق علی محمد خان نے داود خان کے قتل کے بعد نواب عظمت اللہ خان ناظم چکلہ مرادآباد کی ملازمت حاصل کرلی تھی اور اس کی اجازت سے داود خان کے پرانے ساتھیوں کو رامپور میں اکٹھا کرلیا تھا اور جلدی اس کے پاس چار پانچ سو روہیلہ جمع ہوگئے تھے۔ عظمت اللہ کے مرنے کے بعد اُس کے بیٹے نواب معین الدین خان کا ملازم ہوگیا تھا۔ اس زمانہ میں اُس نے اپنے آقا کے مخالف منونہ کے جاگیردار کو شکست دے کر مار ڈالا تھا اور آنولہ پر قبضہ کرلیا تھا۔ دیکھئے: گلستان رحمت، ورق ۱۲ الف تا ۱۳ الف۔

باب دوم

علی محمد خان کا سیاسی عروج

از آنجملہ ایک ہزار سات سے گانو میں گانو آنولہ عملہ پرگنہ منونہ کا بھی زرخرید علی محمد خان کا تھا اور اُون دنوں میں دانش خان بہادر محلی خواجہ حضور حضرت محمد شاہ بادشاہ کے سے سرفرازی خدمت فوجداری منونہ کی رکھتا تھا۔ مقدم[1] آنولہ کا جگ جیت سنگھ نانو راجپوت نہایت سرکش تھا۔ سبب حمایت دانش خان محلی کی بیچ ادا کرنے جیسی رسوم زمینداری علی محمد خان کی قصور کرتا تھا۔ بارہا علی محمد خان نے واسطے رسوم زمینداری کے دانش خان محلیٰ کو اور جگ جیت مقدم کو لکھا۔ محلی مذکور نے اگرچہ ظاہرداری سے جواب آری بلّی لکھا فاما باطن میں مقدم مذکور کو ورغلاتا۔ علی محمد خان نے یہ احوال دریافت کرکے ایک روز معہ فوج کے متصل آنولہ کے ڈیرا کیا۔ دانش خان محلی بھی واسطے مدد جگ جیت مقدم کی معہ تونچانہ جمعیت کثیر کے منونہ سے باہر نکل ڈیرا کیا۔ اول جنگ توپ رہکلہ کی شروع ہوئی بعد اوس کے دونو (ں) طرف سے بندوق چلنے لگی۔ علی محمد خان نے حملا (حملہ) اوپر فوج دانش خان کے کیا۔ قضا کار دانش خاں محلی میدان میں مارا گیا، فوج تباہ ہوئی۔ توپ خانہ، کئی ہاتھی، ڈیرے تنبو بہت سا لوٹ آیا۔ جگ جیت

---

[1] عہدِ وسطیٰ میں مقدم بڑا زمیندار ہوتا تھا۔ واقعہ بھی یہی ہے کہ آنولہ کا زمیندار طاقتور زمیندار تھا اور اپنی فوج رکھتا تھا۔ آنولہ منونہ کے فوجدار کا تابع تھا۔ دانش خاں محلی عظمت اللہ خاں اور اس کے بیٹے اور جانشین معین الدین کا مخالف تھا۔ آنولہ کا زمیندار منونہ کے فوجدار کی خوشنودی کے لئے مراد آباد کے دیہات میں لوٹ مار کرتا تھا، اس لئے علی محمد خاں نے اس کے خلاف فوج کشی کی تھی۔

مقدم فرار ہوکر گڈھی آنولہ کی میں جا گھونسا۔ دو روز تئیں لڑا، آخر کو گڈھی ٹوٹی، جگ جیت بھی مارا گیا۔

رہنا اپنا علی محمد خان نے آنولہ میں مقرر کیا۔ قلم جاری کیا چنانچہ اونہیں دنوں میں حافظت رحمت خان بیٹا صلبی حسن خان کا کہ خاوند داؤد خان کا تھا اور پاینده خان، بڈّو خان، دوندی خان، سردار خان، ستار خان، پرمول خان وغیرہ روہیلے اپنے وطن سے پیادہ پا پاس علی محمد خان کے آئے۔ ہر ایک کو موافق ہر کسی کے پوشاک لباس وغیرہ سے اسباب درست کردیا۔ غرض کہ قریب دس ہزار سوار پیادہ کے فوج جمع ہوئی۔ وے پرگنے کھاٹی پہاڑ کے چلکیا کاشی پور وغیرہ تعلقہ دیپ سنگھ راجا کے تھے اور بعضے بعضے اس طرف کے چنانچہ نرولی وغیرہ اپنے قبض تصرف میں کئے۔

راجہ ہرنند سے لڑائی

وقایع مارے جانے دانش خان محلی کا اور قریب بیس لاکھ روپیہ کے ملک تصرف میں کرنا علی محمد خان کا، حضور مقدس معلّیٰ میں پہنچا اور اونہیں روزوں میں برقضاء الٰہی نواب معین الدین خان تشریف فرما ملک عدم کے ہوئے۔ حضور معلّیٰ مقدس حضرت ظل سبحانی کی سے خدمت نظامت مراد آباد وغیرہ محالات کی نانو راجا ہرنند کے بشرط اخراج علی محمد خان کے سرفراز ہوئے۔ راجا ہرنند معہ توپ خانہ اور فوج بادشاہی کے قریب بیس ہزار سوار پیادہ کے کوچ بہ کوچ داخل مراد آباد میں ہوا۔ مہندر شاہ راجا شاہ آباد کا، نرپت سنگھ راجا پپلی کا اور بہت زمیندار ملک کیٹھر کے قریب دس ہزار سوار پیادہ کے جمعیت سے رفاقت میں راجا ہرنند کے شامل ہوئے۔ غرض قریب تیس بتیس ہزار سوار پیادہ کے فوج جمع ہوئی۔ راجا ہرنند نے مراد آباد سے کوچ کیا۔ متصل چندوسی کے کہ میدان ہموار یکساں تھا، ڈیرا کیا۔ اسی ضمن میں نواب دلیل خان نواب عبدالنبی خان فوجدار بریلی وغیرہ کی جمعیت دس ہزار سوار پیادہ اور توپ خانہ سے بموجب حکم حضور معلّیٰ حضرت ظل سبحانی کے رفاقت میں راجا ہرنند کے آشامل ہوئے۔ علی محمد خان آنولہ میں تھا،

آو نے راجا ہرنند کے سے اپنے دل میں خیال کا کہ اب اس تمام ملک میں کوئی رفیق دوستدار اپنا نہیں، صورت صلح کے کسی ڈول سے معلوم نہیں ہوتی۔ پس سِوا لڑائی کے اور نہیں بن آتی، لاچار معہ توپ خانہ اور فوج کے کہ قریب دس ہزار کے تھے سوار ہوا، بمقابلہ فوج راجا ہرنند کے آ ڈیرا کیا اور خط راجا ہرنند کو لکھا، ملک بادشاہی میں عمل دخل کیجیے۔ موافق خرچ ہمارے کے کچھ مقرر کر دیجیے۔ راجا ہرنند نے در جواب لکھا بہتر ہے تن وتنہا دست بستہ آ کے حاضر ہو، البتہ جان بخشی تمہاری ہوگی، والا نہ قہر بادشاہی کہ نمونہ قہر الٰہی کا ہے، سخت گرفتار آ وگے۔ علی محمد خان نے در جواب لکھا، ملک کا مالک خدا ہے، یہ ملک ہم کو خدا نے دیا ہے، تھوڑی بہت پر موقوف نہیں۔ اگر خوانخواہ ارادا آپ کا بسر جنگ ہے بندا حاضر ہے۔ روز جمعرات کے نواب عبدالنبی خان، دلیل خان ہراول ہوئے اور راجا مہندر شاہ اور راجا نرپت سنگھ چنداول مقرر کیئے۔ اول جنگ توپ گولہ کی شروع ہوئی، دس گیارہ روز اسی طرح گزری، آخر کو عبدالنبی اور دلیل خان نے یکایک پشت علی محمد خان کے جا ماری۔ تیر تیر پر نیزہ نیزہ پر چلنے لگا، علی محمد خان خود جا مقابل ہوا۔ صف جنگ شمشیر تک آن پہنچی، سینکڑوں جوان طرفین کے مارے گئے، بہت زخمی ہوئے۔ آخر الامر عبدالنبی خان اور دلیل خان بھی زخم شمشیر سے خوب ثابت شہید ہوئے۔ شہید ہونے عبدالنبی خان اور دلیل خان کا احوال معلوم کر کے مہندر شاہ اور نرپت سنگھ معہ فوج کے پشت دی۔ راجا ہرنند کو بھی قدرت ٹھہرنے میدان کے نہ رہی۔ کئی ایک سواروں معدودہ سے طرف سید پور فرار ہوا۔ یہ خبر روہیلوں نے سن کر پیچھا اس کا کیا۔ غرض کہ موتی لعل بیٹا راجا ہرنند کا موافق اپنے مقدور کے خوب لڑا، آخر مارا گیا۔ راجا ہرنند کہ بے اختیار بے ہواس بھاگا جاتا، اس کو بھی جہنم میں پہنچایا۔ فتح علی محمد خان کی ہوئی۔ تمام توپ خانہ بادشاہی کہ تعینات ہرنند کے اور عبدالنبی خان اور دلیل خان کے ساتھ تھا لوٹ آیا۔ علی محمد خان نے وقوع ہونے اس فتح کے سے تمام محالات بریلی، مراد آباد، شاہ آباد، نرولی، منونہ وغیرہ جمع پچاس لاکھ روپیہ سال کی پر قابض متصرف ہوا۔ قلم نگاہداشت کا جاری کیا، قدیم جدید قریب پچیس ہزار سوار پیادہ کے جمع ہوئے۔

(کوہ کمایون پر حملہ اور فتح الموڑہ)

علی محمد خان نے ارادہ الموڑا پہاڑ کے کوچ طرف گھاٹی کے کیا۔ خود جمعیت دس ہزار پیادہ کی سے اوپر پہاڑ کے چڑھا۔ کتنے پہاڑی نیچے تلوار کے، مانند گھاس کے گزار دیئے۔ راجا دیپ سنگھ نے سن کر اپنے دل میں خوف کیا۔ اتفاقاً فتحیاب ہونا علی محمد خان کا اوپر پہاڑ الموڑا کے۔ علی محمد خان نے اوپر گھاٹی پہاڑ کے چڑھا، اگرچہ کتنے پہاڑی مارے، پکڑے، لیکن راہ الموڑے کا معلوم نہ ہوا۔ ایک روز علی محمد خان واسطے ڈھونڈنے گھاٹی الموڑے کی کئی مخصوص سے بیچ پہاڑ کے پھرتا تھا۔ کیا دیکھتا ہے جڑ پہاڑ کی میں ایک گوشہ نیچے دو پتھر کے ایک فقیر صاحب اللہ کے مصاحب، اس دنیا سراسر مکار غدار کو پشت پا مار کے بیچ یاد الٰہی کی مشغول ہے۔ نحافت بدن کی کیا بیان کیجئے، کثرت ریاضت کی سے مانند چاند اول شب کے چہرہ نورانی مثل ماہ شب چہار دہم کے منور تھا۔ روشنی اوس کی سے تمام پہاڑ چمکتا تھا۔ علی محمد خان بادب دست بستہ جا کھڑا ہوا تو دو پہر تئین فقیر روشن ضمیر متوجہ نہوئے لاچار علی محمد خان نے بمنت تمام اس مضمون سے ادا کیا۔ نظم:

خسروان قبلۂ حاجات دعا اند ولی
سببلش بندگی حضرت درویشان است
روی مقصود کہ شاہان بدعا می طلبند
مظہرش آئینہ طلعت درویشان است

فقیر روشن تصویر متوجہ ہوئے، فرمایا کیا کہتا ہے علی محمد خان نے عرض کیا:

انجان ہو تو اوس سے کوئی درد دل کہے
جو جانتا ہو اوسکو پھر آگاہ کیا کروں

فارسی میں بھی یہ شعر پڑھا:

جام جہاں نماست ضمیر منیر دوست
اظہار احتیاج خود آنجا چہ حاجت است

ازروی بزرگی کے اوپر احوال علی محمد خان کے شفقت فرمائی، حکم کیا کل کو روز جمعرات کے توکّل بہ خدا معہ فوج پیادہ کے اسی طرف کو جاؤ، حکم خدا کے سے فتح یاب ہوگے۔

علی محمد خان آداب تسلیمات بجا لایا، آستانہ بوسی کر کے بہت ہی بہت خوش ہوا، رخصت حاصل کر کے اپنے دیرہ میں آیا۔ بموجب ارشاد فقیر صاحب کرامات کے روز جمعرات کے معہ جمعیت پیادوں کی اوپر پہاڑ کے چڑھا۔ خود بخود راہ نشیب و فراز پہاڑ کا ہموار ہوگیا۔ القصہ راجا دیپ سنگھ نے رات کو خواب میں کیا دیکھا کہ خود بخود آواز آتی ہے۔ لا اله الا الله محمد الرسول الله، یکایک سوتا جاگا تو یہ آواز کلمہ کی جاگتے بھی متواتر باواز بلند کان میں پہنچی نہایت ہراسان مشوش ہوا اسی وقت زنانہ سے باہر نکلا پنڈت نجومی کو بولایا احوال خواب کا بیان کیا نجومی نے سنتے اس خواب کے سر اپنا کوٹا، چھاتی پیٹی اور کہا اس خواب کی یہ تعبیر ہے کہ اس ملک میں راج ترکون کا شتاب ہوا چاہیے پس یہی بہتر ہے کہ آپ خود بخود اس مکان کو چھوڑ دیجئے راجا نے سنتے اس تعبیر خواب کی بغیر دیکھے بغیر لڑے بے اختیار معہ قبایل بھاگا! الموڑا خالی کر گیا علی محمد خان بھی دوسرے روز الموڑے میں داخل ہوا۔ کوئی متنفس مرد و عورت اوس ضلع کا نپایا، مگر قلعہ راجا کا اور حویلی شہر کی معمور سب اسباب سب اجناس سے تھی چنانچہ خزانہ اندر قلعہ کے پینتیس (۳۵) لاکھ روپیہ نقد، کچھ سونا اور بت سونے چاندی کے اور اسباب بہت ساتھ آیا۔ تمام فوج لوٹ اس شہر کی سے مرفع الحال ہوئی۔ چند روز ڈیرا وہاں رہا، کوئی پہاڑی اور متوطن اوس ضلع کا حاضر نہوا۔ علی محمد خان نے کچھ فوج الموڑے میں چھوڑ کے خود طرف چنپاوتی کے بارہ منزل الموڑے سے تھا۔ کوچ بکوچ چلا گیا تو دو مہینے اوس ضلع میں رہا۔ کوئی پہاڑیوں حاضر نہوا، لاچار علی محمد خان نے امید سنگھ نامی راجپوت کو طرف اپنی سے الموڑے میں قایم کیا خود آنولہ میں آ کے داخل ہوا۔

اخبار فتح الموڑے کی حضور مقدس حضرت ظل سبحانی میں گذری۔ احمد خاں کو کہ (کو) فوجداری مراد آباد کی بشرط اخراج علی محمد خان کے سرفرازی ہوئی۔ معہ ساز و سامان دریاو گنگ پار اوتر کے داخل مراد آباد میں ہوا۔[1]

سن اکیس جلوس والا میں نادر شاہ بادشاہ قندھار کا جمعیت لاکھ سوار کی سے دریا اٹک اوترا، ارادا شاہجہان آباد کا کیا۔ حضرت ظل سبحانی محمد شاہ بادشاہ غازی سنتے اس اخبار کے ارکان سلطنت کے چنانچہ وزیر الممالک نواب قمرالدین خان بہادر، آصف جاہ نظام الملک، صمصام الدولہ خاندوران بہادر، امیر خان بہادر وغیرہ امراء ذی شان حضور والا میں حاضر ہوئے۔ حضور اشرف اقدس سے حکم والا صادر ہوا کہ جلد تیاری توپ خانہ لشکر کی ہو۔ غرض بعد گزرنے کتنے دنوں کے تیاری توپ خانے وغیرہ اسباب کی اور لشکر کی ہوئی تھی، اسی ضمن میں نادر شاہ بادشاہ ملک غارت کرتا کوچ بہ کوچ نواح پانی پت میں ڈیرا آ ہوا۔ نامہ محمد شاہ بادشاہ کو اس مضمون سے لکھا: رباعی:

ما بہ صلحیم فلک در پئی جنگ است اینجا
دل ازین حادثہ بسیار بتنگ است اینجا
ما تباہی شدہ کانیم درین بحر فنا
تختہ کشتی بر پشت نہنگ است اینجا

حضرت ظل اللہ فردوسی آرامگاہ محمد شاہ نے نامہ مطالعہ فرمایا در جواب اس مضمون سے لکھا: رباعی: صلح دو راست مصمم ہمہ جنگ است اینجا، تنگ دل چون نشوی تیر تفنگ است اینجا، چون تباہی شدن ملک عدم در پیش است، ورنہ در ہر قدم کار نہنگ است اینجا، روانہ کیا خود بدولت وجلالت معہ توپخانہ ولشکر اور امرایوں عظیم الشان کے کوچ بکوچ داخل نواح پانی پت کے ہوئے جنگ توپ گولے کی طرفین سے ہونے لگی۔ اک روز فوج ولایتی نے حملہ اوپر لشکر ہندوستان کے کیا گھوڑے اوٹھائے اپس میں مل گئے نیزہ پر نیزہ تلوار پر تلوار تبر پر تبر لگتا تھا جوان دلاور بہادر اوس میدان خون ریز میں مانند

---

[۱] ۱۷۳۴ء تا ۱۷۳۷ء کے عرصہ میں علی محمد خان کے بارے میں اطلاعات ماخذ میں واضح طور پر نہیں ملتی ہیں۔ غالباً ۱۷۳۷ء میں اس کی سرکوبی کے لئے کسی منصب دار کو مقرر کیا تھا لیکن جلد ہی نادر شاہ کے حملہ کے خوف نے مغل بادشاہ کی توجہ اس کی طرف سے ہٹادی اور اس طرح علی محمد خان کو اپنی طاقت بڑھانے کا موقع مل گیا تھا۔

گھاس کے اوپر زمین کے لوٹتے تھے، بہت سوں نے مزا شربت موت کا چکھا تھا اوپر بچھونے زمین کے کمال استراحت سے آرام کرتے تھے، غرض قدر تین ہزار درانی چہار ہزار ہندوستانی قتل میں آئے تھے۔ ہندوستانی سست دل پریشان خاطر ہوکر ارادا فرار کا کیا نواب صمصام الدولہ خاندوراں بہادر نے اطلاع پائی کتنے جوان آزمودہ کار سے جیسا بھوکا باز اوپر چڑیا کے جا پڑتا ہے درانیوں میں گھوس گیا تنگ کی تنگ طرفین سے لاشوں کے تودے ہوگئے، آخر الامر خاندوان بہادر آپ بھی شہید ہوا پھر فوج ہندوستان کی مین تاب مقابلہ کی نرہی، اوپر شہید ہونے نواب خاندوران کے نواب سعادت خان برہان الملک نے اوپر اس کے مطلع ہوکے کمال غیرت سے الماس ریزہ شربت آلودہ کہ تحقیق شربت موت کا تھا نوش کیا جان پاک خدا کو سونپی۔[1] حضرت ظل سبحانی محمد شاہ بادشاہ وقوع اس معنی کے سے نہایت تفکر مزاج والا کا ہوا یہ ہی صلاح دل میں آئی کہ نادر شاہ بادشاہ سے ملاقات کی چاہیے آخر الامر نواب نظام ملک، نواب قمر الدین خان بہادر اور نواب امیر خان کو ساتھ لے کے تشریف فرما واسطہ ملاقات نادر شاہ بادشاہ کے ہوئے جو کچھ کہ رسم درمیان شاہان عظیم الشان کی ہوتی ہے، تعظیم تکریم تواضع مدارات ظہور میں آئی بعد کتنے دنوں کے نادر شاہ بادشاہ طرف قندہار کی متوجہ ہوئے خلل فساد ملک میں سے یکسو ہوا، وقایع ہر یک ملک کا اور عمالون ممالک محروسہ کا گزرا چنانچہ احوال علی محمد خان کا کہ تمام ملک کتیہر کا اور بریلی مرادآباد بداون وغیرہ محالات اور پر کنات تلہٹی پہاڑ کی قبض تصرف میں کیے مفصل معلوم ہوا۔

علی محمد خان کے خلاف بادشاہ کی مہم

حکم والا نواب وزیر قمر الدین خان بہادر کو صادر ہوا جلد فکر استیصال علی محمد خان کا کہ سراسر مایہ فساد ہے ضرور ہے نواب وزیر نے اس وقت آری بلی کیا فاما باطن میں

---

[1] دوسرے مآخذ کے مطابق سعادت خان برہان الملک نادر شاہ سے مل گیا تھا لیکن دہلی آنے پر اُس کو ندامت ہوئی اور دہلی میں مر گیا۔

یک گونہ دوستی علی محمد خان رکھتا تھا چند ماہ لیت لعل میں گزارے آخر کو حضرت ظل سبحانی نے معلوم کیا سب امراء عالیشان توپ خانہ وغیرہ ہمراہ رکاب کے ساتھ لئے عبور جمن فرمایا چند روز میں عبور گنگ فرمایا کہ کنارہ ندی سوت کے متصل بسولی کے مضرب خیام ہوا۔ شقہ خاص فیض اختصاص حضور پر نور کا نام علی محمد خان کے صادر ہوا بہتر ہے آکے آستانہ بوسی حضور ما حضرت میں حاضر ہووالا نہ قہر بادشاہی کہ نمونہ قہر الٰہی کا ہے معہ عیال و اطفال ہزار ہا عذاب شدائد میں گرفتار ہوگا، علی محمد خان سنتے احوال صادر ہونے شقہ خاص کے گلال بار کھڑی کی بصد اعزاز امتیاز سے جیسا دستور ہے باادب شقہ خاص کو لیا چومنا سر پر دھرا، پرھا۔ عرضی در جواب لکھی (کہ) غلام سراسر گناہ گار سبب وقوع تقصیرات کلاں کے اگرچہ فی الحقیقت عمداً ظہور میں نہیں آئی اتفاقاً ہوگئی اپنے آپ کون لائق آستانہ بوسی والا کی نہ جانتا ہے حضرت ظل شبحانی نے مضمون عرضی کی استماع فرمائی امرایون عالی شان ارکان ذی شان کو حکم والا تیاری کا صادر ہوا علی محمد خان نے اوپر اس احوال کے مطلع ہوکر پائندہ خان، حافظ رحمت خان، پہلوان وغیرہ سردار روھیلہ سے مشورہ کیا۔ بادشاہ ہندوستان کا زیر زبر ہماری میں ہے صلاح یوں ہے بالفعل قبائل زنانہ مئومین پہنچا دیجئے اور خود معہ فوج اسباب جن کی متصل کمہر کنوی کہ خودرو جنگل بانسون کا ایک تیر کی پرتاب تئین بن گدہ [۱] اوسکو کہتے ہیں۔ چند روز وہاں رہیے اور ملنا مناسب نہیں تو زبان ہم چشموں اور خاص و عام کی زبان سے سخن زبان زد ہوگا کہ اس قدر پٹھان اور توپ خانہ تھا کوئی دن بھی نہ لڑا تھوڑی بہت پر موقوف نہیں خوب ایک صف جنگ کیجئے۔ تو کہ جہاں میں نانو باقی رہے۔ نظم:

آئینہ رہ گیا نہ وہ جام جم رہ گیا
مردوں کا اس جہان میں مگر نام رہ گیا

---

[۱] مؤلف گلستان رحمت بنگڑھ کے بارے میں لکھتے ہیں کہ ''کہ بنگڑھ کے چاروں طرف گھنا جنگل ہے اور چار قلعہ خام در ہر سمت۔ از واقعہ بمفاصلہ پنج کردہ از آنولہ بسمت جنوبست۔'' گلستانِ رحمت ورق ۱۲۲ الف۔

پاینده خان (و) حافظ رحمت خان بولے: ہم سب تابع مرضی مبارک ہیں فاتحہ خیر پڑھی اسباب زنانہ قبائل بطرف مئو کے روانہ کیئے خود علی محمد خان معہ فوج جنگی کے اور توپ خانہ کے داخل بنکڈہ میں ہوا۔ داخل ہونا بنگڈہ میں علی محمد خان کا۔ حضور معلیٰ میں ہرکارہ نے عرض پہنچایا، حکم والا تیاری بنگڈھ کا صادر ہوا عین سواری میں نظر مبارک اوپر سوت (ندی) کے فرمائی۔ دیکھا پانی تہوڑا لشکر بہت کو کفایت کیا۔ کمال توجہات سے خطاب اوس ندی کا دل تہین یار وفادار بخشا۔ القصہ وایرہ لشکر معلا کا مفاصلہ دو تین کوس کمہر کنوی سین اوسی نواح میں رونق بخش ہوا توپ بڑی چوچکی بنگڈہ کی اوپر چلتی تھی۔ وقت پای کی کبھی رات کبھی دن سو سو دو دو سو پٹھان بنگڈہ سے نکل کر بطریق شبخون کے قزاقی کے آدمی گرو پیش لشکر معلیٰ کے سولوٹ لیجاتے۔ کئی مہینے اسی طرح گذرے، القصہ نواب وزیر قمر الدین خان نے حضرت ظل سبحانی میں التماس کیا حکم جان بخشی علی محمد خان کا ہو۔ مزاج معلا حضرت کا از بسکہ سرتاپا رحم تھا۔ جان بخشی فرمائی۔ نواب وزیر نے دریافت احوال مزاج معلا کر کے علی محمد خان کو لکھا بخاطر جمع آو وآستانہ بوسی حصول کرو ہر طرح ذمہ ہمارا ہے پاینده خان وغیرہ رفیق علی محمد خان کے مجوز ہوئے ہے۔ خواہ مخواہ ملازمت حضرت ظل سبحانی کی حاصل کیجئے۔ باری علی محمد خان صلاح رفیقوں کی سے بنگڈھ سے نکل معرفت نواب وزیر کی ملازمت حضور پرنور حضرت ظل سبحانی کی سے شرف یاب ہوا۔ علی محمد خان سپرد نواب وزیر کی ملازمت حضور پرنور حضرت ظل سبحانی کی سی شرف یاب ہوا علی محمد خان سپرد نواب وزیر قمر الدین خان کے فرمایا۔ خود بدولت وجلالت شاہجہان آباد کو متوجہ ہوئے کتنے دنوں بعد رونق بخش ہوئے، علی محمد خان گاہ گاہی نواب وزیر قمر الدین خان کے آمد و رفت کرتے تھے تو مدت ایک سال کی اس طرح گزری چنانچہ رفقا معتبر رسالہ دار جمعدار رویدار حاضر رہے قریب ایک ہزار کے اور باقی سبب تکالیف کے متفرق ہو گئے۔

علی محمد خان کا تقرر بحیثیت فوجدار سرکار سرھند

قدرت خدا کا احوال کسی کو معلوم نہیں بیک اندیشہ تیئین ہیچ درگاہ کبریا جلال اوسکی کے دخل نہیں ہے علی محمد خان بہت تنگ اور خفار رہتا تھا نواب وزیر قمر الدین خان بہادر تسلّی دل جوئی بہت فرماتے اوسی ضمن میں وقائع نگار حضور معلی نے التماس گزرانا کہ قوم جاٹ پرگنات سرہند کا ارادا شوخی کا رکھتے ہیں نواب وزیر نے اوپر اوسکے مطلع ہو کے جس طرح سے جانا حضور اعلی میں عرض کر کے خلعت سرفرازی سرہند کا معہ نوبت خطاب علی محمد خان بہادر سند خدمت سرہند کی مرحمت فرمائی علی محمد خان دس پانچ روز میں جمعیت دس ہزار سوار کی سے داخل سرہند میں ہوا رعایا اوس ضلع کی طائف الملوک تھی رجوع نہ ہوئی اوس ضلع میں الہا سنگھ نانو قوم جاٹ پٹیالہ[۱] کا رہنے والا رئیس سردار اوس ملک کا جمعیت پندرہ بیس ہزار سوار کی سے اپنے قلعہ میں رہتا تھا تمام رعیت اوس ملک کی متابعت میں اس کے حاضر رہتی ۔ علی محمد خان نے بھی احوال دریافت کر کے ایک روز یکا یک سوار ہوا پٹیالہ کو جا گھیرا تلوار چلنے لگی الہا سنگھ بھاگا تمام عورت علاقہ کی محبوس آئین صدہا عالم قتل ہوا فتح پٹیالہ کی سے تمام اوس ملک میں خوب نظم نسق قرار واقعی ہوا کئی سال اس طرح گزرا ۔

احمد شاہ ابدالی کا پہلا حملہ

سن تیس جلوس معلی میں کہ مزاج مبارک حضرت ظل اللہ کا بیماری بادفتق سے کسل

---

[۱] مخطوطہ میں پٹیالی لکھا ہے جو کہ غلط ہے ۔

رکھتا تھا کہ خبر آمد آمد احمد شاہ افغان ورانی کی گرم ہوئی نواب معین الملک (بن) نواب وزیر قمر الدین خان کا خدمت صوبہ لاہور کی سے سرفراز تھا مقابلا ہور کی سے سرفراز تھا مقابلا (مقابلہ) احمد شاہ درانی کا کیا حضرت ظل اللہ نے شاہزدہ عالمیان احمد شاہ بہادر معہ نواب وزیر قمر الدین خان، نواب ابوالمنصور خان وغیرہ بائیس امراء عظیم الشان وتوپ خانہ کثیر رخصت فرمایا۔ کوچ بکوچ کی منزل میں سرہند جا پہنچا۔ اس طرف سے احمد شاہ درانی دریا اٹک کو ہیلا مار اوترا، مقابلہ معین الملک سے ہوا، جنگ عظیم واقع ہوئی۔ طرفین سے ہزار ہا عالم مارا گیا آخرش نواب معین الملک نے نقد جان کا نثار کام خداوند نعمت کے کیا اوسی ضمن میں علی محمد خان نے عبداللہ خان (اور) فیض اللہ خان دونو بیٹوں اپنو کون حضور احمد شاہ درانی کے بھیجا تھا[1] سرداروں ولایتی سے تحفہ تحایف اس ضلع کے بھیج کر سلسلہ دوستی کا مربوط کیا تھا۔ بعد کئی روز کے لشکر شاہ درانی کا اور لشکر ہندوستان کا مقابل ہوا چند روز جنگ توپ رہکلہ کی رہی قضا کار گولا توپ کا نواب وزیر قمر الدین خان بہادر کے لگا اوسی وقت نقد جان کا تصدق خاوند عالم کے ہوا تن خاکی نے اوپر خاک کے استراحت کی۔ وقوع اس واقعہ کے سے تمام لشکر ہندوستان کا بے ہواس ہوا شاہزادہ عالم وعالمیان احمد شاہ بہادر مسلح گھوڑے پر سوار کئی ہزار سوار چوکے ہوئے سے مقابلہ شاہ درانی کا فرمایا طرفین سے توپ رہکلہ کچنال شترنال قینچی بان[2] وغیرہ چھوٹتے تھے۔ عالم طرفین سے کوئی مر گیا، کوئی تڑپے، کوئی سسکے تھا۔ شاہ زادہ عالم نے مانند شیر نر کے اور ہاتھی مست کے نعرہ مارا کہ اے جوانوں ہندوستان کے وقت تندہی اور مردمی اور دلاوری بہادری کا ہے، بنام خدا عزوجل دل قوی رکھو، جرأت کرو اور دیکھو غول درانی کا بھاگا جاتا ہے۔

---

[1] مؤلف گلستان رحمت نے غلط بیانی سے کام لیتے ہوئے کہا ہے کہ علی محمد خان نے احمد شاہ درانی سے کوئی ساز باز نہیں کیا تھا اور اسی لئے اس کے بیٹوں عبداللہ خان اور فیض اللہ خان کو قید کر کے قندھار میں رکھا تھا۔ گلستان رحمت، ورق ۲۹ الف۔

[2] شترنال چھوٹی توپ ہوتی تھی جو کہ اونٹ کے اوپر سے داغی جاتی تھی اور قینچی بان گولہ ہوتا تھا جس کو نال کے ذریعہ چھوڑا جاتا تھا۔ ابتدائی راکٹ کہا جاسکتا ہے۔

سنتے ہی اس آوازہ کے جوانوں ہندوستان کے نے گھوڑے چلائے۔ درانیوں میں مل گئے، تلوار مانند بجلی کے چلنے لگی، گرد وغبار سم گھوڑوں سے اس قدر بلند ہوئے کہ آسمان اور آفتاب نظر آنے سے چھپ گیا۔ گویا نمونا (نمونہ) قیامت کا تھا۔ تلوار پر تلوار لگتی تھی، شور چھنا چھنی تلوار اور شپاشپی نیزہ کی سے آسمان چاہتا تھا کہ پھٹ جا اور زمین ذرہ ذرہ ہوکر مانند خاک کے اوڑ جا۔ اوس میدان میں شاہ زادہ عالمیان جس طرف گھوڑا ڈپٹ جاتا تھا، جس طرح باز اوپر کبوتر کے تیغ سے بیدریغ مانند گھاس کاٹتا تھا۔ تنک کے تنک، غول کے غول درانیوں کے مانند ریوڑ بھینڈون کے بھاگے، ہزارہا عالم طرفین کا قتل میں آیا۔ کوئی تڑپے، کوئی سسکے، کوئی ہوئے بیجان، فتح لشکر ہندستان کی ہوئی طنبور فتح کا بجایا احمد شاہ درانی شکست پا کے متوجہ طرف قندہار کے ہوا۔

محمد شاہ بادشاہ کی موت اور احمد شاہ کی تخت نشینی

گروش آسمان کی ایک ڈول پر قرار نہیں رکھتی۔ مثل بٹہ بازی یہاں مٹی کی کبھی بٹہ بھرا کبھی بتہ خالی، شاہزادہ عالمیاں احمد شاہ بہادر اوسی مکان پر مضرب قیام تھا کہ حضرت ظل اللہ محمد شاہ بادشاہ نے اس جہان مکار غدار بے قرار کو سرتا پا درد غم اور رنج جانکی توجہ فرما طرف عالم ہمیشگی کے ہوے کہ اوس کے تئیں تغیر اور تبدیل نہیں۔ ہم مجلس فرشتوں کے فردوس برین آرامگاہ کیا نعرہ واحسرتا وامصیبتا کا تمام عالم میں بلند ہوا یہ خبر بداثر ہوش کی کھونے والی عقل کی گومانی والی خوشی کی کاٹنے والی بیچ سمع مبارک شہزادہ عالمیان کے پہنچی۔ خلوت میں چشم پرآب غمدیدہ درد سے ہوا اشتہار اس بداخبار کا زبان مبارک اپنی سے خوب نہ جانا۔

وقوع اس واقعہ کی سے نواب ابوالمنصور خان بہادر مطلع ہوا چھتر ہاتھ میں لیا جناب عالی شاہزادہ عالمیان میں بادب دست بستہ عرض کیا حضرت ظل سبحانی صاحب قران ثانی نے فردوس آرامگاہ فرمایا۔ سلطنت ملک ہندوستان کی خادمان جناب

شاہ بہار۔۔۔

بہ دل وجان حاضر ہوے

(علی محمد خان کی بغاوت کیتھر میں)

اوسی عرصہ میں علی محمد خان معہ اسباب قبایل فوج کے سرہند سے بے حکم حضور مقدس کے کوچ کیا دریا جمن کو پایاب عبور کیا۔ شقہ خاص حضرت ظل سبحانی محمد شاہ بہادر شاہ کا نانو حکیم خان فوجدار سرکار سہارنپور مضاف صوبہ دار خلافت شاہ جہان آباد کے اس مضمون سے صادر ہوا علی محمد خان نے بے حکم ما حضرت کے سرہند سے فرار ہوا ارادا آنولہ وغیرہ تلہٹی پہاڑ کا مقرر کیا، اس طرف کو عبور جمن کیا چاہتا ہے، پس تم سدراہ ہوگے کہ دریا گنگ اترنے نہ پاوے۔ حکیم خان فوجدار قوم پٹھان رہنے والا قصور کا اگرچہ بنا بر ظاہر داری بموجب حکم مقدس کے سدراہ علی محمد خان کا ہوا بلکہ بطور جنگ زرگیری خالی گولی سے بندوق آپس میں چلیں۔ فاما باطن میں سب ایک قومیت کے دوستی بدل رکھے تھا۔ چھپے چھپے لوازمہ تعظیم کے ادا کئے القصہ علی محمد خان کوچ بکوچ راہ جالا پور[1] کی گھاٹ دریا گنگ کی آیا، حکیم خان بھی تعقب اوسکا کرتا لڑتا بھڑتا جالا پور میں آیا دیرا کیا بہ اسباب ظاہری حکم تیاری ساز عراق رہکلہ چلیبی کجنال شتر نال کا دیا نانو نام ہرکارہ کو خلوت میں یاد کیا، کہا تو جا واقف کار دریا کا ہے جلد علی محمد خان کو معہ فوج بھیڑ بنگاہ گنگا دریا پایاب اوتار دے بموجب حکم حکیم خان کے ہرکارہ پاس علی محمد خان کے آیا گھاٹ بالا والی کے معہ بھیڑ بنگاہ سوار پیادہ پایاب اوتروائے۔ متصل گھاٹ تہہ کے اس طرف دیرا کیا واسطے ظاہر داری کے علی محمد خان نے پچاس سوار کچھ سوار پہر پایاب گنگا کے اوتارے کئی گانوں کے مواشی فوجداری حکیم خان کے محالات کے تاخت تاراج کر لائے بعد دو تین روز کے کوچ بکوچ کاشی پور پہنچا بھیڑ بنگاہ وہاں چھوڑ کر چتر بھوج کھتری ناظم ملک کیتھر کو مرادآباد میں جا گھیرا۔ چتر بھوج نے طاقت قوت مقاومت مقابلہ علی محمد خان کی نہ دیکھی مرادآباد سے بھاگا شاہ جہان آباد میں جا پہنچا نواب علی محمد خان نے بدستور چکلہ بریلی، سرکار بدایون، سرکار سنبھل اور پرگنات چلکیا

---

[1] جوالا پور اہم قصبہ ہے اور ضلع ہردوار میں شامل ہے۔

وغیرہ کہ راجا الموڑی کے سے رکھتا تھا سوای چھ سات پرگنہ شیر کوٹ[۱] وغیرہ جاگیر نواب ابوالمنصور خان بہادر کے تمام ملک قبض تصرف میں کیا تیس بتیس ہزار سوار پیادہ جمعیت توپ خانہ وغیرہ اسباب جیسا کہ امراء عالیشان کا ہوتا ہے مہیا ہوا بلکہ ایک ایک روہیلا کہ پیادہ پا اپنے وطن سے آیا تھا، صاحب فوج اور صاحب ملک کا ہوا چنانچہ حافظ رحمت خان کو چودہ لاکھ روپیہ کی جائیداد پیلی بھیت بریلی بدایون وغیرہ مقرر کر دیئے۔ دوندے خان کو بارہ لاکھ روپیہ کی جائیداد سنبھل مراد آباد، نرولی کاشی پور وغیرہ میں کر دی، سردار خان بخشی کو نو لاکھ روپیہ کی جائداد اسد پور بھجوائی، علی گنج وغیرہ قرار پائی۔ فتح خان خانسامان کو بدایون منونہ، اوسیت وغیرہ ساتھ لاکھ روپیہ کی جائیداد قرار پائی۔ برولی وغیرہ کئی گانون محمد خان بیٹے داود خان کو بخشے اسی قدر سوا اس کے دو دو چار چار گانوں بعضی روہیلوں سرداروں رسالہ داروں کو جیسا پرمول خان بہادر بڈو خان بہادر، ملا محسن خان، شیخ کبیر ستار خان بنیر وال، لائق ہر کسی کے قرار پایا۔ کئی لاکھ روپیہ کی محال چنانچہ رام پور شاہ آباد، اجھیانی وغیرہ تحصیل خاص میں مقرر کیئے۔

علی محمد خان کی علالت اور موت

علی محمد خان کو شب و روز خیال ملک گیری کا رہتا تھا۔ راز الٰہی سے کوئی آگاہ نہیں کہ اول قدم رکھے پھر دوسرا قدم اٹھے گا یا نہ اٹھے گا چنانچہ قضا کار انہیں دنوں میں نواب علی محمد خان کو خود بخود بیماری جنون کی (میں) بیمار ہوا۔ حکماء یونان اور اطباء ہند بہت سے جمع ہوئے۔ موافق عقل کے ہر چند کہ معالج مداوا کیا کچھ روبشفاء نہ آیا بلکہ روز بروز بیماری نے ترقی پکڑی بقول حضرت مولانائے روم کے، (بیت) چون آید طبیب ابلہ شود: آن دوا راہ راہ خود گرہ شود۔ بعد کئی سال کے اوسی بیماری میں وفات پائی امانت حیات کی جان کی بخشنے والے کو سونپی واویلا وامصیبتا تمام ملک کیھر کو بکو میں ہوا۔ آنولہ میں لاش کو مانند گنج کے نیچے زمین کے مدفون کر دیا۔ سعد اللہ خان، اللہ یار خان،

---

[۱] ضلع بجنور میں اہم قصبہ ہے۔

محمد یار خان تین بیٹی چھوڑے۔ عبداللہ خان (اور) فیض اللہ خان دونوں بیٹے علی محمد خان کے پاس احمد شاہ درانی کے ولایت قندھار میں تھے۔ حافظ رحمت خان، دوندے خان، بخشی سردار خان، فتح خان خانساماں، میاں سید احمد، میر معصوم صاحب، ستار خان بنیر وال، پرمول خان، بدوگکان، نجیب خان وغیرہ پٹھان روہیلہ سردار اور سوای اس کے چھوٹے بڑے آنولہ میں جمع ہوئے جرگہ کیا۔ صلاح سبھوں کی اوپر نواب سعد اللہ خاںؒ قرار پائی۔ سبھوں نے بالاتفاق بجائے نواب علی محمد خان اوپر مسند کے نواب سعد اللہ خان کو بٹھایا۔ نذر و نیاز گزرانی، آداب تسلیمات بجلائے، یہ خبر وقع علی محمد خان کے سن کے عبداللہ خان فیض اللہ خان ولایت قندہار سے آئے۔ میاں قطب بنیر وال بھی انہیں دنوں میں ولایت اپنی سے آیا تھا اور کتنے روہیلہ قریب دس بارہ ہزار کے رفاقت میں عبداللہ خان اور فیض اللہ خان کے جمع ہوئے۔ نواب سعد اللہ خان سے ارادا جنگ کا مقرر کیا اور کہا حق سرداری نوابی کا ہمارا ہے اس واسطے کہ ہم بڑے بیٹے نواب علی محمد خان مرحوم کے ہیں، غرض کہ مزاج عبداللہ خان اور فیض اللہ خان کا ان دنوں بہت گرم تھا اس واسطے سے کہ تازہ ولایت سے تھے۔ صلاح پٹھان سرداروں کی نہ پڑی۔ اسی ضمن میں معرفت نواب ابوالمنصور خان بہادر خلعت نواب سعد اللہ خان بہادر خطاب حضور انور حضرت سبحانی سے سعد اللہ خان کو مرحمت ہوا۔ حافظ رحمت خان، سردار خان بخشی وغیرہ سرداروں نے رام پور، شاہ باد وغیرہ پرگنہ جمع ساتھ لاکھ کے فیض اللہ خان کو دیئے اوجھانی عبداللہ نگر وغیرہ کئی محال عبداللہ خان کو مقرر کر دیئے بدستور علی محمد خان مرحوم کے تمام سردار روہیلہ پٹھان متابعت میں نواب سعد اللہ خان کے حاضر رہتے تھے اکثر دیہات پرگنات جاگیر مغل ہندوستان یعنی شاہ جہان آباد کے رہنے والوں کی بیچ ملک کٹیہر کے تھے۔ یک لخت روہیلوں نے سب کو جواب دیا۔ دیہات اپنے قبض تصرف میں کئے، مراد آباد وغیرہ محالات کہ جاگیر نواب وزیر قمرالدین خان بہادر کی تھی علی محمد خان مرحوم البتہ کچھ دست برداشت دیتا تھا۔ نوابی سعد اللہ خان کی سے روہیلے اپنے اپنے محالات میں طائف الملوک تھے مراد آباد وغیرہ

جایداد دوندے خان کی تھی۔ ایک خرمہرہ بھی بابت مرادآباد کے نواب انتظام الدولہ خلف نواب وزیر قمرالدین خان بہادر کو نہ پہنچے تھا، نہایت خفگی مزاج پر رکھے تھا۔

(نواب قطب الدین کی مہم روہیلہ سرداروں کے خلاف)

نواب انتظام الدولہ نے ایک روز حضور اعلی انور حضرت ظل سبحانی کی میں عرض کیا ملک کیتھر کا روہیلوں نے اپنے قبض تصرف میں کیا اور روز بروز اجتماع اوس قوم کا ہونا صلاح دولت نہیں اگر ارشاد اعلا ہو مرادآباد وغیرہ کہ جاگیر غلام کی ہے خدمت اوس محالات کی قطب الدین خان بنیرہ عظمت اللہ خان مرحوم کو سرفراز ہو بموجب عرض انتظام الدولہ بہادر کے کئی توپ کلاں چوچکی دس ہزار سوار معہ خدمت مرادآباد وغیرہ محالات کے بشرط اخراج دوندے خان کے مرحمت ہوا قطب الدین خان بہادر معہ فوج کثیر قریب بیس ہزار سوار پیادہ کے اور معہ فوج حضور اور قدیم جدید نو ملازم کے شاہجہاں آباد سے کوچ کیا، میرٹھ میں دیرا کیا۔ راجہ اجیت سنگھ گوجر کہ متصل بارہ سادات کے جمعیت تین چار ہزار سوار کی سے اوس ضلع میں رہتا تھا پیشتر عمل دوندی خاں سے دارانگر وغیرہ تعلق راجہ اجیت سنگھ کا تھا ان دنوں میں دارانگر قبض دوندے خان کی میں تھا بتوقع دارانگر کے عیسیٰ خان رسالہ دار کو تین ہزار سوار پیادہ سے رفاقت میں قطب الدین خان بہادر کے حاضر ہوا میرٹھ سے کوچ کیا کنارہ دریا گنگ بالاوالی کے گھاٹ دیرا کیا اوسی ضمن میں مہندر شاہ راجا شاہ آباد کا اور نرپت سنگھ راجا پپلی کا کہ دلی عداوت پٹھانوں سے رکھتے تھے۔ چھ سات ہزار سوار پیادہ سے وے بھی رفاقت میں قطب الدین خان کی حاضر ہوئے دوندی خان کو خط اس مضمون سے بھجوایا کہ خدمت مرادآباد وغیرہ محالات جاگیر نواب انتظام الدولہ بہادر کی حضور معلیٰ حضرت ظل اللہ جہان پناہ کی سے ہم کو مقرر ہے راہ دوستی کی لکھا جاتا ہے۔ عامل اپنے محالات سے بلوالو والا نہ لاچار تیاری جنگ کی کیجئے۔ نوشتہ قطب الدین خان بہادر کا دوندے خان نے پڑھا، در جواب لکھا تم کو خدمت حضور بادشاہ سے ہم کو ملک خدا نے دیا ہے کہ قدیم مالک ملک کا

تھا اور ہے اور ہوگا۔ آپنے عبث یہہ خیال کیا ہے، پس بہتر ہے اس ارادہ سے باز آؤ اور شاہ جہان آباد کو پھر جاؤ والانہ جنگ پٹھانوں کی تم کو فائدہ نہیں ہوگا اور دوسرا خط والدہ قطب الدین خان بہادر کی کہ مراد آباد میں رہتی تھیں اس مضمون سے لکھا۔ پاس حقوق نواب عظمت اللہ خان مرحوم کے لکھا جاتا ہے تم قطب الدین خان بہادر کو اپنی طرف سے سمجھا دو اور لکھ بھیجو کہ لڑائی روہیلوں سے آپ خوب واقف ہوتا حال کوئی فتح یاب نہیں ہوا تم بھی اس خیال سے باز آؤ۔ والدہ قطب الدین خان کی نے سنا، درجواب لکھا میرا فرزند وہ نہیں کہ مقابلہ تمہارے سے پشت دے گا شرط نمک خداوندی کا بجا لاوے گا اگر فتح ہے غازی ہے والانہ شہید ہے القصہ اسی نوع کے سوال جواب ہوئے تھے۔ پروانہ قطب الدین خان کے کہ ہر چار طرف واسطی طلب فوج کے بھیجے تھے، چنانچہ قریب تیس ہزار کے جمع ہوئے تھے۔ راہبری عیسی خان کی سے عبور دریا وگنگ کے گھاٹ بالا والی[1] کے کیا ڈیرا، منداور[2] ہوا دوندے خان بھی معہ نجیب خان، ملا محسن وغیرہ فوج روہیلوں کی قریب پندرہ بیس ہزار سوار پیادہ کے کوچ کیا۔ کئی روز میں آ چاند پور[3] دیرا کیا، قطب الدین خان کو لکھا ارادا جنگ کا البتہ موقوف کیا چاہیئے، آپ آیئے مراد آباد میں اپنے دولت خانہ میں معہ رفقاء قدیم سے آرام فرمائیے، یہہ ملک حق تعالیٰ نے ہم کو دیا ہے بالاتفاق ہم تم خرچ اپنا چلاویں گے۔ قطب الدین خان نے خط پڑھا، جوش میں آیا، درجواب لکھا۔ حیلہ حوالہ موقوف کیجئے مردآباد وغیرہ چھوڑ دو، والانہ اگر چاہا ہے خدا کا اقبال جہاں پناہ ظل اللہ کے سے:

مرادآباد کو لیوں بہ تلوار   اگر ہے زندگی میری بیکبار

مرادآباد سون باہر نکالوں   قلعہ سے کھینچ پنجرے بیچ ڈالوں

دوندے خان نے سنا، روہیلے سردار رفیق بولائے اور کہا لاچار قطب الدین خان

---

[1] بالا والی دریائے گنگا کے کنارے ضلع بجنور میں چھوٹا سا قصبہ ہے۔

[2] منڈاور ضلع بجنور میں ایک قصبہ ہے۔

[3] ضلع بجنور میں اہم قصبہ ہے۔

خواہ مخواہ بسر ارادہ جنگ ہے صلح کسی طرح نہ مانتا (ہے)۔ فاتحہ خیر پڑھی، قطب الدین خان کے پاس پھر نوشتہ اس مضمون سے لکھا: معلوم ہوا شاید کہ آپ اپنی جان سے سیر ہوئے زندگی سے بیزار ہوئے۔ کٹیہر شاہ نے ہم کو نہ دیا ہے مگر تلوار کے ہم زور لیا ہے:

دیکھو اس بات پر ہر نند مارا

کیا کیا شاہ نے آ کر ہمارا

ہمان بہتر کہ ترک ایں ہوس گیر

تو لے ہم سے زیادہ شہ سے جاگیر

نہیں جا بیٹھ رہ مت ہو دوانا

دیئو نگا ملک تجھ کو اور خزانا

پاس نواب عظمت اللہ خان کے سے اس قدر بارہا بطریق نصیحت کے یہ باتیں لکھی جاتی ہیں تاکہ کوئی جبر طرف ہماری سے نہ ہو، دگر خواہ مخواہ مزاج تمہارے میں ہوس ہے، بہت بہتر یہ کوئی میدان ہے۔ قطب الدین خان نے پھر وہ ناما (نامہ) پڑھا، جواب لکھا: نمک حرامی ہمارے بزرگوں سے اب تلک نہیں ہوئی خوب خدا ہاتھ ہے گی۔ فتح جس کو دے کہ جو کھیت میدان میں جیت لے۔ خط روانہ کیا آپ منڈاور سے کوچ کیا متصل گانو بڑھ گری کے ڈیرا کیا۔ مورچال درست کی۔ تمام رات ہوشیاری خبرداری رکھی۔

دوندے خان نے سنا، چاند پور سے کوچ کیا، کرت پور میں او پرتا اب موتی چور کے آپڑا۔ دو غول روہیلوں کے ہوئے تین غول فوج قطب الدین خان کے ہوئے۔ وقت صبح جنگ توپ رہکلی کی طرفین سے ہونے لگی۔ سواران دونوں لشکر واسطے قراولی کے باہر نکلے۔ جنگ قراولی بھی ہوتی تھی قطب الدین چار ہزار سوار آزمودہ کار سے باگیں او چکے دوندے خان کے اوپر جاپڑا۔ توپ رہکلا چلنے سے موقوف رہا۔ بندوق کی باڑ چھٹرتی تھی بعد تھوڑی ایک بندوق (اور) تیر بھی بند ہوا۔ نیزہ پر نیزہ، تلوار پر تلوار لگتی تھی، پھول ڈھالوں کی ضرب تلوار کی سے اس میدان میں اس طرح اوڑتے تھے اور چمکتے

تھے۔ جیسے رات اندھیری میں پھول جھڑی چھوٹتی ہے یا موسم برسات کے جگنورات کو چمکتے ہیں، غرض کہ دوندے خان کو تاب نہ آئی، معہ فوج کے کئی تیر کے پرتاب پشت دی۔ بعضی یوں کہتے تھے کہ روہیلے فوج ہندوتانی کی کو پشت لگالے گئے، غرض بہر کیف قطب الدین خان (نے) اپنے مورچوں کو چھوڑ دوندے خان کے ڈیرے جالیئے۔ ملا محسن، نجیب خاں، ستار خان کہ دوسرا غول ایک طرف کھڑا تھا، مورچہ قطب الدین خان کے خالی دیکھے فوراً گھوڑے اوٹھائے، پچھاڑی قطب الدین خان کے جامارے اور ڈیرے جلادیئے۔ تلوار چلنے لگی، صدا اعالم طرفین کا مارا گیا، اس احوال کو مہندرشاہ (اور) عیسیٰ خان نے دیکھ کر بغیر لڑائی جیسی نقل فارسی کی مشہور ہے آب نا دیدہ موزہ ازپا کشیدہ یک شتر قطار فرار ہوئے۔ فوج تعیناتی بادشاہی شاہ جہان آباد کی رہنے والی کہ گلی کوچوں میں سج بنا کے اکڑتی چلتی تھی اور موچھوں پرتاو دیتی تھی۔ گرم سرد زمانہ کا نہ دیکھا تھا، کبھی اتفاق میدان کا نہ ہوا تھا، اوس میدان خون ریز میں کہ زخم نیزہ تیر کے سے فوارہ خون کے جاری تھے۔ زخم تلوار کی سے نالہ کے نالہ بہتے تھے، دیکھتے اوس حالت کے بغیر زخم کے کتنوں کے جگر پھٹ گئے۔ کتنوں کو پچھاڑ آئی بے اختیار بے ہواس ہوئے بھاگے مگر وے جوان قدیمی ہمراہی قطب الدین خان کے مانند شیر نر کے نعرہ مارتے تھے۔ شمشیر اندازی میں قصور نہ کرتے تھے تو دو گھڑی تک جنگ شمشیر کی رہی بہت جوان مردوں نے اوس مکان شربت موت کا نوش کیا۔

القصہ قطب الدین خان بہادر بائیس جوان رفیق سولہ خدمتگار اوس میدان جان ستان کے قائم تھے۔ بمقدور شمشیر بازی میں قصور نہ کرتے تھے۔ اوس وقت نجیب خان نے لڑائی موقوف کی۔ زبانی ہرکارہ کے کہہ بھیجا اب بھی ملاقات کیجئے جو شرط کہ نمک حلالی خداوند نعمت کی تھی تم سے ظہور میں آئی آفرین صد آفرین۔ این کار از تو آیند مردان چنین کنند۔ مضائقہ نہیں اب بھی آپ سے ملاقات البتہ ضروری ہے قطب الدین خان بہادر نے سنا درجواب کہا آفرین مرحبا جزاک اللہ سرداری تمہارے پر یوں ہی چاہئے فاما اس زندگی کا اعتبار نہیں۔

یکدم بھی اس نفس کا نہیں اعتبار ہے۔ یہ زندگی ہماری گویا مستعار ہے۔

ایک روز مرنا برحق ہے پس تھوڑی سی زندگی کے لئے صلح کیجئے داغ نمک حرامی کا اوپر اپنے تا ابد قائم رکھیئے، سرخروئی اپنی مرنے ہی میں ہے ہرکارہ نے سنا رخصت ہو کر چلا ناگہان ایک گولی بندوق کی شیخ نصر اللہ کے سے چلی ہرکارا مارا گیا قطب الدین خان نے پانی خدمتگار سے لیا وضو کی دوگانا نماز ادا کیا دونوں ہاتھ بلند کئے جناب الٰہی سے دعا چاہی کہ اے خداوند وقت آخری ہے اس میدان میں آبرو رکھیو۔ ہوس یہی ہے کہ شہید ہوں خدمتگار یاد کیا بندوق بھر بھر دیئے جاتا تھا۔ روہیلوں نے بھی احوال دیکھ کر ہر چار طرف سے یورش کی، بندوق چلتی تھی اتفاق ایک گولی بندوق کی چھاتی پر قطب الدین خان کے لگی۔ مرغ روح پاک کے اس پنجرہ خاکی سے پرواز کر کے فردوس برین میں آشیانہ کیا، جسم خاکی نے اوپر خاک کے استراحت فرمائی۔ دوندے خان اور نجیب خان وغیرہ سردار اوپر لاش شہید کے آئے، افسوس بہت کیا۔ بعد میں اوس لاش کو زمین میں سپرد کیا، بعد دو تین روز کے سب پٹھان روہیلے طرف مراد آباد کے آئے، پس ماندگان قطب الدین خان مرحوم کی تسلی دلاسا جیسا رسم دستور زمانہ کا ہے ظہور میں لائے، جو گانو قدیم جاگیر زمینداری کے تھے بدستور معاف گزاشت کئے، سوا کچھ قدیم کے کئی گانو طرف اپنی سے مقرر کر دیئے۔

وقایع شہید ہونے قطب الدین خان مرحوم کا حضور اقدس اعلیٰ حضرت عالم پناہ ظل اللہ میں گزرا کمال افسوس فرمایا۔

قایم خان بنگش غضنفر جنگ کو فرمان

والاشان معہ خلعت شش پارچہ جغہ کلغی شمشیر پیچ باب اخراج روہیلہ ہا آنولہ، رام پور وغیرہ میں صادر ہوا بجرودِ وحکم اشرف کے قایم جنگ جمعیت لاکھ سوار پیادہ کے

سے معہ توپ خانہ کثیر کے دریا و گنگ عبور کیا، اوسیت میں ڈیرا ہوا، حافظ رحمت خاں، بخشی سردار خان اور فتح خان خانساماں نے نواب سعد اللہ خان کو ساتھ لے کر آنولہ سے کوچ بکوچ متصل بدایوں کے جا پڑے۔ نواب قایم خان کو عرضی لکھی تم ہمارے سارے پٹھانوں کے سردار ہو، خاوند ہو ہم سب نوکر ہیں تابع حکم کے ہیں ملک سے کچھ کام نہیں جان بخشی ہماری ہو کچھ بموجب خرچ کے جائیداد مقرر ہو۔ عرضی پڑھی در جواب لکھا حکم حضور اشرف کا ہے، تم سب کو جیوتا شاہ جہاں آباد کو پہنچادوں گا۔ پٹھانوں نے معلوم کیا۔ صلح کسو طرف نہیں، بہر کیف مستعد جنگ ہو کے مقابلہ قایم خان جا پڑے۔ دو غول کئے حافظ رحمت خان وغیرہ سامنے ہوئے ستار خان، دوندی خان نے نواب سعد اللہ خان کو ساتھ لے کے ایک کھیت باجرہ کا تھا پوشیدہ یہہ سب سردار معہ توپ خانہ قینچی بانوں کے تھے قایم خان نے سنا حافظ رحمت خاں وغیرہ مستعد مقابلہ کے ہیں غرور تکبر دولت کے سے اور کثرت فوج کے سے کہا ایک چیلا میرا کفایت ہے سب کو جیوتا پکڑ لاوے گا روز دوسرے قایم خان تین ہزار فیل نشین وی کہ زرہ بکتر سے کل آہن پوش ہو رہے تھے ساتھ لیکے واسطی شکار کے سوار ہوا۔ چہکتا چہکتا اوپر حافظ رحمت خان کے آیا ایک باڑہ کجنال شترنال کی جھاڑی کتنے روہیلہ مارے گئے بہت زخمی ہوئے قینچی بانوں کی دونوں طرف سے چھوٹتی تھی دہور دہانی بانون کی سے کہ دہوان اس قدر عالمگیر ہوا تمام عالم تاریک ہو گیا علامت قیامت کی ظاہر ہوئی، آخر کار روہیلے تاب نہ لائے، کئی تیر کی پرتاب تک ڈیروں سے چلے۔ قایم خان نے روہیلوں کو فراری دیکھ شمشیر جنگ بہادر چیلہ اپنے کو واسطے روبرو لوٹ حافظ رحمت خان وغیرہ چھوڑا خود طرف سعد اللہ خان، دوندے خان اور ستار خان کے متوجہ ہوا، جس وقت نزدیک اوس کھیت باجرہ کے جا پہونچا قینچی بانوں کی ماری اور یوڈہ کجنال شترنال کی چلتی تھی۔

اور بانوں کی چھوٹی قضا کار گولا توپ کا قایم خان کے لگا معہ گوشت پوست استخواں اوڑا چلا گیا کچھ نشان نہ معلوم ہو اس قدر ہزار ہا فیل نشین توپ رہکلہ اور بانوں سے اوڑ گیا۔ جو باقی رہے تھے بے اختیار بھاگے۔ بہت عالم پاہوں میں ہاتھیوں کے پس گیا مرگیا روہلیوں نے جب تلوار ہاتھ میں لی تعاقب فراریوں کا کیا بہت سے بھاگے۔ گرے پڑے میدان کی تلوار سے کاٹ نکالے پھر کوئی سردار فوج قایم خان کی میں مقابلؔ نہ ہوا۔ بے خاوند سب آوارہ ہوگئے، قربان قدرت خدا کی جس نے غرور تکبر کیا خاک برابر ہوا۔

القصہ فتح روہیلوں کی ہوئی۔ پرگنات تلائی کے حد فرخ آباد تئیں قبض تصرف میں کیئے۔ اخبار اس احوال کے حضور معلا مقدس میں گزرے۔

بادشاہ احمد شاہ کی بنگش پٹھانوں کے خلاف مہم

(بادشاہ) حضرت خود بدولت عظمت وجلالت حضرت عالم پناہ ظل اللہ معہ وزیر الممالک ابوالمنصور خان بہادر اور امرایون ذی شان کے واسطے ضبطی اموال اسباب قایم خان کے دریا جمن عبور فرمایا۔ نواح کول کا مضرب قیام عالی کے سے شرف یاب ہوا۔ نواب عبدالمجید خان بہادر کشمیری دیوان خالصہ کا بموجب ارشاد عالی کے اور صلاح نواب وزیر کے فرخ آباد میں آیا۔ شمشیر خان (و) ذوالفقار خان، اعظم خان وغیرہ چیلہ اور کتنے بھائی بھتیجے قایم خان کے اور والدہ قایم خان نے کہا ہم غلام بندے بادشاہی ہیں ہر طرح حاضر ہیں، فاما نواب وزیر ابوالمنصور خان بہادر دشمن جانی ہیں اس واسطے خطرہ بڑا ہے۔ عبدالمجید خان نے قسم قرآن شریف کی کہ دین مذہب محمدی کا ہے درمیان دیا۔ اور قول کیا بخاطر جمع تم چلو آستانہ بوسی حضور انور سے سرفرازی حاصل کرو انشاء اللہ تعالیٰ بدستور قایم خان مرحوم کے اپنے ملک پر قابض متصرف رہو۔ بارے قول قسم عبدالمجید کی پر بھائی چیلے اور والدہ قایم خان کو محل اعتماد کا ہوا۔ سب بالا تفاق کچھ اشرفی روپیہ نقد اور جواہرات کی کشتی اور ہاتھی گھوڑے بنام ضبطی کے ہمراہ لے کر دولت آستانہ

سائی حضرت ظل سبحانی کے سے شرف یاب ہوئے۔

نواب وزیر مختار نے مصلحتاً عرض کیا قوم پٹھان کا تواریخ سلف سے معلوم ہوتا کہ مخالف ملازمان سلطنت کے رہے ہیں۔ زندہ چھوڑنا ان کا صلاح نہیں جو اپنے خیال ناقص میں عرض پہنچایا خاوند مختار، صلاح نواب وزیر صاحب تدبیر کے سے حضرت ظل سبحانی کا مزاج خوش ہوا۔ عیال، بھائی، بھتیجے، چیلہ قایم خان مرحوم کے سپرد نواب وزیر کے ہوئے۔ خود بدولت وجلالت حضرت عالم پناہ معہ نواب وزیر صاحب تدبیر کے متوجہ دارالخلافت شاہجہان آباد کے ہوئے۔ کوچ بہ کوچ رونق بخش ہوئے۔ وقت مراجعت شاہ جہان آباد کے فوج نواب وزیر کی سے مارہرہ، کاسگنج وغیرہ محالات علاقہ فرخ آباد کے غارت پایمال سخت ہوئے تھے۔ راجہ نول رای بہادر طرف نواب وزیر کی سے نیابت صوبہ اودھ کی سرفرازی رکھے تھا۔ بموجب حکم نواب وزیر کے قنوج میں رہنا اختیار کیا۔[1]

راجہ نول رای جمعیت بیس ہزار سوار کی سے قنوج میں رہتا تھا۔ میر محمد صلاح خان بہادر سادات بارہ چار ہزار سوار سے بھی رفاقت میں راجہ موصوف کے تھے مسبب جو کچھ کرتا ہے پہلے سبب اوسی طرح سے اٹھتا ہے چنانچہ ایک روز کئی پٹھان مئوشمسا باد اور فرخ آباد کے واسطے کچھ سودے کے قنوج میں گئے کوتوال بازار کے نے کچھ پٹھانوں کو

---

[1] نواب قایم خان کا باپ محمد خان بنگش فرخ سیر کے عہد سے بڑا منصبدار تھا۔ آخیر میں اس کا منصب سات ہزار ذات ہوگیا تھا۔ محمد خان بنگش کے مرنے کے بعد بادشاہ محمد شاہ نے اس کے بیٹے قایم خان کو اس کا منصب اور فرخ آباد کی جاگیر دے دی تھی کیونکہ باپ کے زمانہ میں ہی وہ بحیثیت ایک فوجی جرنل کے شہرت حاصل کرچکا تھا۔ وزیر صفدر جنگ نے اس کو روہیلہ کے خلاف لالچ دیا تھا کہ اگر وہ کٹھر پر قبضہ کرے گا تو روہیلوں سے چھینا ہوا علاقہ اس کی جاگیر کا حصہ بن جائے گا، لیکن اس کی وفاداری کے باوجود صفدر جنگ نے بادشاہ کو اس کی دولت حاصل کرنے کا لالچ دیا اور اس کے ورثاء کی حق تلفی کی۔ دوسرے روہیلوں پر بھی ظلم کیا جس کی وجہ سے بنگش پٹھانوں نے بغاوت کی اور اودھ کی فوج کو شکست فاش دی۔ تفصیل کے لئے ملاحظہ کیجئے: گلستان رحمت، ورق ۴۸ الف تا ۶۰ ب۔

سخت ست کہا۔ آخر سپاہی تھے مرنا اپنا اور پر آبرو کے مقدم جانا بقول شخصی اگر آب رو جگ میں نہ رہی نوجان جاناں پشم ہے۔ غرض کہ حرارت غریزی جوش میں آئی، تاب صبر کی نہ رہی، لاچار کوتوال کو مارے تلواروں کے نیچے ڈال دیا۔ کتنی خلقت شہر کی نیزہ تلوار سے مقابل پٹھانوں کے ہوئی۔ قصہ مختصر دو چار پٹھان وہاں مارے گئے، کچھ زخمی۔ اس طرح لڑتے مرتے مارتے شہر قنوج سے باہر نکلے، قضا کا رات ہوگئی۔ رات جو پردہ دار ہے، کسو نے نہ دیکھا، پٹھان شباشب ایسے جلد چلے گویا چلنا باد صبا سے قرض لیا تھا۔ فرخ آباد میں آ پہنچے۔ اوسی وقت یہ خبر مؤشمشاباد میں پہنچی۔ قوم پٹھان کا بدعہدی وزیر کے سے کہ چیلے اور پٹھان اور بھائی بھتیجے قایم خان کے پکڑے گئے تھے بہت مخوف تھے وقوع اس احوال یعنی مارے جانے کوتوال کے سے نہایت ہراسان ہوئے۔ آپس میں کہا اس زندگی بے آبروی کے سے مرنا با آبرو بہتر ہے۔ خوب کوئی شخص اولاد محمد خان بنگش کا سردار اپنا کیجئے۔ راجا نول رای کے ساتھ اگرچہ فوج قریب ساٹھ ہزار سوار پیادہ کی ہے فاما ہنوز خود وہ ہے انشائاللہ تعالیٰ برکت دین محمد کی سے اوس پر فتح یاب ہوں گے۔ یہ مشورہ سب کو پسند آیا، نواب احمد خان بھائی حقیقی قایم خان مرحوم کا کہ طاقت بیٹھنے اٹھنے کی سبب بیماری کے سے کہ وقت تولد کے ہوا زد ہوا تھا۔ اس باعث احمد خان لنگڑا مشہور تھا۔ سب پٹھانوں نے اوسکو سردار اپنا کیا، نذر و نیاز گزرانی پٹھان مؤشمس آباد فرخ آباد کے رستم خان وغیرہ گھاسی خان مستانہ، بی بی بیٹی نواب عزیز خان شاہ جہان پور والے کی جمع ہو نواب احمد خان کو ساتھ لے باہر فرخ آباد سے ڈیرا کیا۔ قلم جاری کیا ہر چار طرف سے سپاہ چاکری پیشہ جمع ہونے لگے۔ یہ خبر راجا نول رای نے سنی عرضی نواب وزیر کو لکھی وزیر الممالک نے عرضی پڑھی۔ فرمایا یہ ہی نشان کم بختی پٹھانوں کا ہے تم جلدی نہ کی جیو میں بھی جلد اوس ضلع میں پہنچتا ہوں تاکہ میں اوس ضلع میں نہ آؤں تم قنوج سے ہرگز باہر مت نکلیو۔ زنہار تو اکیلا لڑائی نہ کیجیو۔ اس گنجفہ میں ڈر ہے نہ آجا کہیں خلل۔ راجا نول رای نے پروانہ نواب وزیر کا پڑھا غرور سے کہا۔ مجھ سے مقابل ہوں گے پٹھانوں کی کیا مجال۔ میر محمد صلاح وغیرہ

رسالہ داروں کو ساتھ لے قنوج سے کوچ کیا متصل دریا و کالی کے ڈیرا کیا اپنے رفقایوں ہم مجلسیوں سے کہا پٹھانوں کو جیوتا پکڑ لاؤں ایسا نظم نسق بٹھادوں کہ مئوشمشاباد میں پٹھان بیکار کے بے وجھی رہیں، پتھانئیں (یعنی بیویاں) چکی پیسا کریں۔ پٹھانوں نے یہ سن کر جناب الٰہی میں زاری کری۔ خداوند سوا تیرے ہمارکوئی نہیں یہ ہندو مخالف جان آبرو کا ہے سبھوں نے فاتحہ خیر پڑھی خدا گنج [۱] سے متصل اوپر کالی بدی کے ڈیرا کیا۔ اپنے سواروں کو حکم دیا، دیہات گرو(و) پیش سے مواشی جس قدر ہاتھ آوی گھیر لاؤ۔ بموجب حکم کے قریب چار ہزار سوار کے ہر چار طرف دوڑ گئے، چھ سات ہزار راس بھینس گائے بیل گھیر لائے۔ وقت دوپہر کے پتھانوں نے نانو خدا کا لیا، کمر باندھی سوار پیادہ تیار ہوے مواشی موہنہ پر رکھ مقابل فوج راجا نول رای کے ہوئے۔ راجا نے دریافت کر کے تمام فوج کو حکم تیاری کا دیا۔ خود مسلح ہاتھی پر سوار میر محمد صلاح اوپر پشت توپ خانہ کی تیار مستعد آ کر کھڑا ہوا۔ پٹھان معہ مواشی حیلا کیا، مقابل توپ خانہ کے ہوئے حکم سلخ توپ خانہ کو ہوا۔ ایک سلخ میں ہزار ہا گاو بیل بھینس بلکہ آدمی اونڈ گئے۔ پتھانوں نے ایک زد توپ خانے کی کھا کے نشان بان نیزہ تلوار ہاتھوں میں لئے پاپیادہ دوڑے ایسی جلد توپ خانہ پر جا پڑے تاب دوسری سلخ کی نرہی چیر پھاڑ توپ خانہ میں پڑگئی۔ زنجیرا توپوں کا کاٹ دیا، صدہا جوان مارے گئے۔ میر محمد صلاح خان بہادر معہ سادات بارہ کے جس قدر پروانا شمع پر آ پہنچا۔ تلوار چلنے لگی، ہزار ہا جوان طرفین کے اوس میدان میں مارے گئے۔ قیرب پچاس جوان کے اوس میدان میں ہمراہ میر محمد صلاح خان بہادر کے قایم رہے۔ بعض شخص یون روایت کرتے ہیں جس وقت میر محمد صلاح خان پچاس سواروں سے اوس میدان میں کھڑا رہا، پٹھانوں نے کہہ بھیجا تمھاری جوان مردی بہادری میں کچھ شک نہیں، بے شک تم اولاد رسول صلعم ہو پس صلاح یوں ہے آپ اپنے مقام پر قایم رہیں کوئی تمھارے سامنے نہ آوے گا۔ نول رای قوم ہندو مخالف مذہب مخالف جان مخالف آبرو کا ہے اگر اوس کا سر حکم خدا کی ہم نے کاٹا غازی

[۱] قصبہ قایم گنج کا نام تھا۔

ہیں۔ برتقدیر اگر ہاتھ اوس کافر کے سے، ہم مارے گئے شہید ہیں سوااس کے آپ کے پاس جمعیت سب متفرق ہوئی جریدہ تن و تنہا آپ رہ گئے ہیں میر محمد صلاح نے جواب دیا شہادت میدان کی ورثا ہمارا ہے آج یہ روز بہت آرزو سے پایا ہے اس طرح کی زندگی میں نمک حرامی ہوگی۔ یہ ہی سوال جواب تھے کہ راجا نول رای ہاتھی پر سوار بارہ تیرہ جوان توپچی مسلح مدد میر محمد صلاح خان کی آیا پٹھانوں نے اس کو آوتا دیکھ وہاں جالڑے۔ میر محمد صلاح خان بھی جو سوار ساتھ موجود تھے باگیں اوٹھائی درمیان پٹھانوں کے جاپڑا۔ میدان لڑائی کا اس قدر گرم ہوا کہ عالم ہر چار طرف سے واہ واہ اور تحسین آفرین کرتا تھا میر محمد صلاح جس وقت یا علی کہہ کر جس کے اوپر تلوار جھاڑتا تھا خود و زرہ، پیٹی قاش زین کو کاٹ کر زمین پر جاپڑتی تھی تنک کی تنک غول کے غول پٹھانوں کے لاش پر لاش گرے دیکھ کر متفرق ہونے لگے۔ پٹھانوں نے دیکھا جوان کچھ جیو چراتے ہیں سب جمع ہوئے، نعرہ الا اللہ کا بولے چاروں طرف سے میر محمد صلاح (کو) گھیر لیا، گرد سم گھوڑوں کی سے اس قدر بلند ہوئی جہاں سراسر تاریک ہوگیا قضا کار باوتند چلنے لاگی۔ کیا قدرت خدا کی ہوتی ہے گرو نے باو کو مارا باو نے گرو کو مارا۔ گرو آسمان میں ملی، آسمان گرد میں مِلا۔ زمین ٹکڑے ٹکڑے ہوئی ٹوٹ کر فلک چاہتا تھا گرے پھوٹ کر، مرد پر مرد گرنے لگا۔ پہچان اپنے بیگانے کی نہ رہی چودہ زخم تلوار کے تین زخم تیر کے بدن پر محمد صلاح خان کے اوپر پہنچے۔ پشت گھوڑے کی سے اوپر زمین خونریز کے استراحت فرمائی آنکھیں ظاہر میں بند کیں۔ روح پاک کہ امانت خدا کی ہے گزرانی، جو اس ماجرا کو دیکھتا تھا کہتا تھا۔ سیّد جفا کی تیغ سے افسوس کٹ گیا، درجہ جو کچھ رہا تھا شہادت کا بٹ گیا۔ اوسی ضمن میں راجا نول رای آپہنچا، پٹھانوں نے ڈر جان کا نہ کیا، راجا کے ہاتھی پر جاپڑے۔ گرو ہاتھی کے مارے، تلواروں کے پشتے پشتے لاشوں کے ہوگئے۔ القصہ پٹھانوں نے سر راجا نول رائے کا کاٹا۔ برچھی پر چڑھایا خزانہ توپ خانہ سلح خانہ بہت ہاتھ آیا۔ فوج راجا کی بھاگی اکثر دریاو کالی میں ڈوب مرے۔ کتنے دَل دَل میں پھنس گئے، کتنے خوف سے جگر پھٹ گئے پٹھانوں کی فتح

کامل ہوئی دوگانا شکرانے کا جناب الٰہی میں ادا کیا، وقایع فتح پٹھانوں کا پیچ حضور نواب وزیر کے پہنچا۔ سنتے ہیں دونوں ہاتھ مسند پر مارے آنکھیں دھبدھبا آئیں، دل بھر آیا کمال تاسف کیا سوا صبر کے کچھ علاج نہ دیکھا۔

(صفدر جنگ وزیر کی مہم اور اس کی شکست)

دنیا ناپائیدار غدار میں کہ ہمیشہ مکر و غدر رکھتا ہے۔ نواب وزیر نے حضور معلیٰ مقدس حضرت ظل سبحانی کی میں احوال سرکشی پٹھانوں کا مارا جانا راجا نول رای کا شہادت میر محمد صلاح خان مرحوم کا بتفصیل عرض پہنچایا حضرت مقدس کا ارشاد ہوا تم خود حضور مابدولت سے رخصت اوس قوم سراسر پایہ فساد کو سزا پہنچا دو۔ نواب وزیر موافق ارشاد معلیٰ کے پروانہ راجا سورج مل جاٹ اور راجا بلہدر وغیرہ کو ہر چار طرف پہنچے چاروں رسالہ کمل پوش کلاہ پوش سین داغ وغیرہ مغل ایرانی تورانی قندہاری پشوری کابلی کل بائیسی حضور پر نور کے توپ رہکلہ غباری دہما کی کجنال شتر نال جزایر شیر پچسی قینچی بانوں کی لے کر دریا جمنا کو عبور کر کے چند روز میں شاہ جہان آباد سے دائرہ دولت کا باہر کیا، کنپلا پہاڑی پر آ ڈیرا کیا۔ اسمٰعیل علی خان بہادر چیلہ نواب وزیر دس ہزار سوار سے سورجمل جاٹ تیس ہزار سوار سے دونوں ہراول مقرر کیئے اس طرح کوئی دست راست کوئی دست چپ کوئی چنڈوال آراستہ کیا۔ پٹھان بھی نواب احمد خان کون ساتھ لے کر مقابلہ وزیر کے مفاصلہ دو تین کوس کے ڈیرا کیا کچھ سوار طرفین نکل بطور قراولی جنگ ہوتی تھی۔ اس ضمن میں نواب احمد خان نے دیکھا کہ تمام لشکر بادشاہی اور فوج رئیسوں ہندستان کی چڈھی اور ہم پٹھان تھوڑے سے سوای اللہ کے کوئی مدد معاون نہیں۔ روہیلے حافظ رحمت خان، دوندے خان وغیرہ سبب قایم خان سے دلوں میں کشیدہ ہین فی الحقیقت قایم خان خوب نہ کیا تھا کہ اپنی قوم کے ذلیل کرنے کا ارادا دل میں لایا تھا، پس جس کسی نے زبونی اپنی قوم کی مقرر کی اللہ تعالیٰ منتقم حقیقی ہے قایم خان انہیں کے ہاتھ سے مارا گیا البتہ حافظ رحمت وغیرہ قوم پٹھان ہین تیس چالیس ہزار

سوار پیادہ کا انبوہ رکھتے ہیں کسو طور پر بلوایا جانا چاہیے۔ غرض کہ احمد خان بہادر نے نہایت تملق و دوستی اور سخنان برادرانہ لکھے، حافظ جیو وغیرہ کو لکھا نواب سعد اللہ خان، حافظ رحمت خان، دوندی خان نے مضمون معلوم کیا۔ شرم ننگ پٹھان کی سے سب روہیلہ تیار ہو کر نواب احمد خان میں شامل ہوئے۔ نواب وزیر نے دیکھا جماعت پٹھانوں کی اس قدر جمع ہوئی اور دن پہ دن جمع ہوتی ہے، سورج مل جاٹ (اور) اسمٰعیل علی خان بہادر کو حکم ہوا۔ میدان میں معہ توپ خانہ مقابل ہوئے۔ اوّل جنگ توپ گولے کی ہوئی۔ بعدہ قراولی چندین سواروں سے ہوتی تھی کہ یکا یک اسماعیل علی خاں اور راجہ سورج مل جاٹ وغیرہ (نے) جمعیت چالیس ہزار سوار کی سے اوپر پٹھانوں کے یورش کی اس طرف سے پٹھانوں نے بھی بمقدور قصور نہ کیا شاید کہ واقعی دب گئے یا بنا پر مصلحت کے سورج مل نے اسماعیل علی خان نے میدان میں پشت دی پتھانوں کو پیچھے لگالیگئے قریب نیم کروہ کے پیچھے کو لڑتے چلے گئے۔ ڈیرے پٹھانوں کے خالی رہے سورج مل نے اوس وقت پلٹ کر پھر حملہ کیا۔ نیز اتلوار چلنے لگا طرفین مل گئے پٹھان تاب نہ لائے پیچھے کو چلے سورج مل نے آتے آتے ڈیرہ احمد خان کے لوٹ کر جلاتے پھونکتے باہر نکلے اور فوج لوٹتی تھی۔ صورت فتح کی نمود ہوئی قدرت خدا کی کیا ہوتی ہے غول روہیلوں کا جو ایک طرف کو کھڑا تھا احمد خان کی شکست دیکھی ہراسان ہوئے پھر تجویز کیا جو خدا چاہے سو ہو۔ وزیر معہ فوج ہندوستانی کے بے وسواس کھڑا ہے۔ گھوڑے اُٹھائے ان میں پیٹا جائے۔ اس طرح مرنا بھاگ کے فائدہ نہیں بھوں نے ہاتھ اٹھائے فاتحہ خیر پڑھی، باگیں گھوڑوں کی اٹھائیں بھیڑ کے اوپر جا پڑے۔ زنجیرا توپوں کا کات پھیڑ کو لوٹتے تھے، تلوار چلتے دیکھ کر بلوچ راو بہادر اور خدا یار خان بہادر نے پشت دی اونکو بھا گا دیکھ تمام لشکت میں بھگی پڑی۔ پٹھان مارتے ہوئے قاسم علی خان بہادر کرورا کے مقابل ہوئے دو چار سامنے ہوئے، سو مارے گئے۔ قاسم علی خان بھی ہاتھی سے اوترے، گھوڑے پر سوار ہو روانہ ہوئے۔ راجا لچھمی رام ہاتھی پر سوار پاس نواب اسحاق خان کے کھڑا تھا کہ پٹھان جا مقابل ہوئے، تلوار چلنے لگی۔

راجا پچھمی رام ہاتھی سے اوتارے ہوئے خوب لڑے، آخر ثابت قدم مارا گیا بعد اوسکے پٹھان قتل کرتے تھے اور کہتے تھے کہ چہ منصور کہاں ہے؟ نواب اسحاق خان بہادر نے ہاتھی پر سوار یہہ آواز ناہجار سنا۔ ہاتھی طرف پٹھانوں کے موڑا، غصہ سے کہا اے زبان پاجی سنبھال کر بول، نواب وزیر میں ہوں۔ پٹھان سنتے ہی اس بات اوسی ہاتھی پر آپڑے، مارے تلواروں کے زمین پر گرادیا۔ نواب اسحاق خان بہادر نے اس ہستی موہوم سے کہ فی الحقیقت نیستی ہے رحلت فرمائی۔ ہم صحبت ملایکوں بہشت برین کے ہوئے۔ پٹھانوں نے شہرہ اوڑادیا (کہ) منصور علی خان کو مارلیا۔ نواب نصیر الدین حیدر نے یہ افواہ سنی، چشم پرآب ہوئے۔ اس زندگی کو سرتاپا بار جان کے بے قراری سے چوں پتنگ چراغ پر جلد ہاتھی سے اوترے ہوئے تیغ دردست غول پتھانون کی میں جا پڑا، بہت مارے، بہت زخمی کئے آخر کار آپ بھی نصیر الدین حیدر شہید ہوگئے۔ مغل کلاہ پوشوں نے اور ایرانی تورانی قندھار کابلی بدخشی پشوری جن کی مردمی بہادری کا بڑا اعتبار تھا، یہ خبر بد اثر یعنی افواہ مارے جانے نواب وزیر کی سن کر ایک شتر قطار سبھوں نے گھوڑے اوٹھادیئے۔ نواب وزیر ہاتھی پر سوار کھڑا دونو ہاتھوں سے اشارہ کرتا تھا، زبان سے پکارتا تھا اے یارو واسطے خدا کے پھر آؤ یہ وقت پشت دینے کا نہیں کسو نے نہ سنا نہ دیکھا۔ نہ مانا نہ کوئی پھرا، لاچار نواب وزیر نے تمام فوج بھاگتے دیکھی، سوچا جان اس مقام میں بے فائدہ ہے۔ خوب اگر زندگی وفا کرتی ہے پھر دیکھئے دونوں ہاتھ افسوس کے اوپر سر کے مارے داڑھی اپنی غصہ سے نوچی فیلبان کو حکم ہوا، ہاتھی طرف شاہ جہان آباد کے ہو۔ فیلبان نے وہان سے ہاتھی ہولا شاہ درہ جمنا کے کنارے جا پہنچا ٹوپی والے بھی بھاگے ہوئے اوس مکان پہنچے تھے، نواب وزیر نے اونکو دیکھ کر فرمایا ٹوپی والوں کی کرتیئین اوتارلو جو کچھ پاس اُن کے نکلے چھین لو غرض کہ فوج بھاگتے ہوئے کا جھاڑا لے کر نواب وزیر داخل شاہ جہاں آباد میں ہوئے۔ اون دنوں میں نجیب خان طرف دوندے خان کی سے دارانگر رہتا تھا سمیع اللہ خان طرف نواب وزیر کے سے خدمت نیابت فوجداری شیرکوٹ جلال آباد نگینہ بجنور کی مقرر تھے[۱] ☆☆ نجیب خان نے

[۱] شیرکوٹ، جلال آباد، نگینہ اور بجنور کے پرگنات وزیر صفدر جنگ کی جاگیر کا حصہ تھے اور سمیع اللہ خان اس جاگیر کا بندوبست کرتے تھے۔

افواہ مارے جانے نواب وزیر کی سن کے عامل طرف آپنی سے پرگنات میں بھیجے سمیع اللہ خان کو قلعہ جلال آباد میں قلعہ بند کیا اگرچہ دو تین روز میں خبر داخل ہونے نواب وزیر کی پہنچی تھی تاہم مدت پندرہ روز کے قریب پچاس ہزار روپیہ پرگنوں سے تحصیل کی۔ سمیع اللہ خان کو پھر بدستور پرگنون پر قابض متصرف کیا۔

نواب وزیر شکست کھا کر حویلی میں داخل ہوئے ایک ہفتہ خلوت رکھی۔ کسواپنے بیگانے کو واسطے ملاقات کے نہ چھوڑا ازبان خلق اللہ شہر شاہ جہان آباد کی کوئی مثال بزولی نامردمی کی سے سنان طعن کی سے دل مجروح کرتی بعضی ہوشیاریوں تقریر کرتے تھے مرضی الٰہی یوں ہی تھی والا نہ پٹھانوں کا کیا مقدور تھا نورنسا بیگم بیٹی نواب سعادت خان برہان ملک مرحوم کا قبیلہ نواب وزیر کا کہ بہت عقلمند اور ہوشیار تدبیر کار تھی بطریق مشورہ کے کہا صوبہ اودہ اتنی مدت سے جاگیر نواب سعادت خان مرحوم کی رہا تھا تا حال سبکی ادنا فوجدار کی نہیں ہوئی آپ نے اس سامان اس فوج سے شکست کھائی بندوبست تمام صوبہ کا اوکھڑ گیا محنت سعی سعادت خان مرحوم کی مفت رایگان گئی، اگر خدانخواستہ دشمن آپ کے وہاں شہید ہوتے مطعون زبان خلق اللہ نہ ہوتے خوب جو ہوا سو ہوا آپ یہاں شاہ جہان آباد میں تشریف رکھیئے مجھ کوں اجازت دیجئے، نواب وزیر سنتے اس بات کے بہت نادم پشیمان ہوئے۔ بیگم صاحب سے کہا واقعی اس زندگی سے مرگ بہتر تھی اب یہی جی میں آتا ہے الماس کھا کے مرر ہیں۔ بیگم نے سنا آنکھوں میں آنسو لائیں، نواب وزیر سے عرض کیا خاطر جمع رکھیے، کچھ اندیشہ نہ کیجئے دو کروڑ روپیہ کی اشرفی نقد پاس میرے موجود ہے، آپ لیجئے فوج دکھن سے اور اطراف سے بولایئے، اجتماع فوج کثیر کا کیجئے بہ تفضّل حضرت امیر المومنین علی ابن طالب علیہ السلام کے فتح نصیب ہوگی۔ بارے کہنے بیگم صاحب کے سے گونہ خاطر نواب وزیر کی تسلی حاصل ہوئی، خلوت سے باہر نکلے بدستور ملازمت حضور اشرف اعلیٰ کی سے ہر روز سرفرازی پاتے تھے،

کئی لاکھ روپیہ کی ٹیپ راو ملہار راگھوجی بھونسلا مرہٹوں کو طرف دکھن کے بھجوائی اور اسی قدر ہر چار طرف رئیس ممالک کے کو پہنچی، حکم تیاری توپ خانہ گولہ بارود کا دیا۔

احمد خان بہادر، شاہ دل خان وغیرہ پٹھانوں نے بعد شکست نواب وزیر کی توپ خانہ ہاتھی گھوڑے ڈیرے اسباب خوب لوٹ ہاتھ آئے، ایک ایک متنفس مالک ہزاروں روپیہ کے ہوئے، مارہرہ وغیرہ قنوج وغیرہ محالات قبض تصرف میں کئے شاہ دل خان جماعت بیس ہزار پیادہ کی سے اوپر پل ندی آنندی کے متصل مارہرہ کے ڈیرا رکھتا تھا، پرگنات مزکورہ تحصیل ہوئے آتے تھے۔ نواب احمد خان جمعیت چالیس ہزار سوار بلکہ زیادہ سے ملک لوٹتا مارتا تھا محالات نواب وزیر کی اٹھاتے ہوئے قلعہ الہاباد کو جا محاصر کیا زد توپ گولہ کی ہوتی تھی پٹھان غرور میں اس قدر سرشار تھے کسو کو خاطر میں نہ لاتے تھے۔ وہ طریق عجز کا اور نیاز کا بالکل موقوف تھا مالک ملک کا خدا کا ہے، سوا اوسکے تکبر اور غرور کسو کو سازدار نہیں۔ یکدانہ خشخاش میں چاہے وہ دکھادے سیر دو جہان عرش سے تا فرش کی جھمکی۔

خبر آمد آمد فوج دکھنیوں کی گرم ہوئی ہر چار اطراف سے فوج شاہ جہان آباد میں حسب الطلب نواب وزیر کے حاضر ہوئی۔ قریب ایک لاکھ پچاس ہزار سوار کے ہمراہ روا ملہار راگھوجی بھونسلہ کے معہ پنڈاریوں کے دکھن سے آپہنچے اور اسی قدر راجہ ہائے سرداران ہند کے جمع ہوئے۔ نواب وزیر توکل بخدا حضرت ظِل الہ سے رخصت حاصل کر کے دو لاکھ سوار سے عبور جمنا فرمایا اول فوج متصل مارہرہ کے آئی، شاہ دل خان سے کچھ تھوڑی جنگ قرار ولی ہوئی آخر کو شاہ دل خان نے جانا کہ اس لشکر کثیر سے مقابلہ وہی صورت ہے چہ جھینگر کوہ سے ٹکر لگاوے۔ چہ مینڈک فیل سے سر کو بچاوے۔ صحیح سالم معہ اسباب یہاں سے جانا ہی فتح عظیم ہے غرض کہ دو پہر تئیں شاہ دل خان جریدہ لڑا کیا، اسباب بھیڑ بنگاہ روانہ مئو کو کیا، آخر کو آپ بھی لڑتا بھڑتا مئو میں داخل ہوا۔ یہ خبر نواب احمد خان کو پہنچی قلعہ الہ آباد کو لڑتا چھوڑ کے معہ پٹھانوں روہیلوں کے طرف فرخ آباد کے کوچ کیا فرخ آباد میں آیا قوت مقابلہ کی نہ دیکھی سوا اس کے

حافظ رحمت خان وغیرہ سردار روہیلیوں نے لحاظ وقت کا کرکے یہی مصلحت مناسب جانی کہ بالفعل معہ قبایل سب کسی مکان پر جمع ہو جایئے چنانچہ چلکیا مکان کہ درمیان گھاٹی پہاڑ کی ہر چار اوسکے کوہ ہے قلعہ الٰہی اوسکو کہیئے تو بجا ہے داخل ہو جیئے لڑا کیجئے بعد اوسکے جو ہونا ہوگا ظہور میں آویگا۔ سب کو یہ مشورہ پسند آیا فرخ آباد سے معہ اسباب قبایل زنانہ پٹھان اور روہیلہ سب اطراف سے جمع ہوکر چلکیا میں جمع ہوئے نواب وزیر معہ فوج دکھنیوں کی مرہٹوں کی عبور دریا گنگ کا کیا متصل چلکیا کے ڈیرا جا ہوا ہراول دکھنی تھے، ہمیشہ لڑائی توپ گولہ کی رہتی تھی تمام پرگنات میں عامل طرف نواب وزیر کے سے داخل ہوئے۔ چند ماہ اسی دستور (سے) رہے۔ پٹھانوں نے عہدہ برای جنگ میں نجانی لاچار چھپے چھپے سوال جواب دوستی کا معہ طمع کے رواملہار سے درست کیا اور تحفہ تحایف عرضی جاوید خان محلی کو کہ نواب بہادر خطاب حضور پرنور حضرت ظل سبحانی کی سے سرفرازی رکھے تھا اور بڑا امرا عالیشان مختار امورات سلطنت کا تھا، طرح اخلاص کی ڈالی خدا تعالیٰ مسبب الاسباب ہے جو کچھ کہ پردہ سے ظہور میں آتا ہے ویسا ہی کچھ اوسکا اسباب ہوتا ہے۔ چنانچہ اونہیں دنوں میں خبر حضور معلیٰ میں پہنچی کہ احمد شاہ درانی بہ ارادہ ہندستان کے پیشور (پشاور) میں آیا اور جلد دریا اٹک کو عبور کیا چاہتا ہے اور جہان خان معہ دو دستے درانیوں کے اٹک کو ہیلا مار مار، اوترا نواب بہادر نے اوپر اس احوال کے مطلع ہوکے حضور معلیٰ میں عرض کیا اس وقت میں نواب وزیر کا حاضر ہونا حضور والا میں صلاح دولت ہے حضرت ظل سبحانی نے بموجب عرض نواب بہادر کی شقہ بدستخط خاص مرقوم فرمایا بہادر من از افغانان دار مدار نمودہ جلد وشتاب خود را در حضور ما بدولت برسانید صادر ہونے شقہ حضور کے نواب وزیر نے معرفت راو ملہار کے روہیلوں سے صلح کرکے کوچ بکوچ شاہ جہان آباد میں داخل ہوئے۔ عامل روہیلوں کے بدستور پرگنات میں آئے چنانچہ نجیب خان طرف دوندے خان کی سے دارانگر مین آئے، شیرکوٹ وغیرہ میں عامل نواب وزیر کا سمیع اللہ خان داخل ہوا۔ نواب احمد خان بدستور فرخ آباد، مئو شمسآباد، مارہرہ وغیرہ میں پہنچے۔

باب سوم

نجیب الدولہ کا عروج

(صفدر جنگ کی بادشاہ احمد شاہ سے لڑائی)

نواب وزیر ابوالمنصور خان پٹھانون روہیلون سے صلح کرکے کوچ بکوچ شاہ جہان آباد پہنچے، ملازمت حضور معلی کی حاصل کی یہ معلوم ہوا کہ نواب بہادر محلی حضور والا میں ساعی روہیلوں کا اور پٹھانوں کا ہے اس باعث دلوں میں کشیدگی رکھتے تھے راہ مکر دغا بازی کی سے بنا بر ظاہر داری کے نواب وزیر ایک روز نواب بہادر محلی سے دوستی گرم کی کہ یک لخت مزاج نواب بہادر کی سے خفگی رفع ہوئے قضا کار انہیں دنوں میں روز عید الفطر کے نواب بہادر واسطی ملاقات نواب وزیر کی حویلی آئے لوازمہ تعظیم مدارات کے جیسا کچھ بایکدگر عمدہ عالیشان کے ہوتی ہے وقوع میں آئی بعد ایک گھڑی کے نواب وزیر بولے اگر خلوت میں تشریف لے چلئے بہتر ہے کچھ کہنا منظور ہے نواب بہادر محلی نواب وزیر دونوں ساتھ اندر حویلی کے کہ نام اوسکا مچھی بھون مشہور ہے تشریف لائے وہ مکان جلوت سے جائے خلوت تھا۔ وہاں دو شخص مغل پستول ہاتھوں میں اول اداب تسلیمات بجالائے بعد اس کے ایک مغل دست راست ہوا دوسرا اوپر پشت نواب بہادر کے ہوکے پستول جھاڑی دست بجیر اوپر دل کے طرف چپ پہلو کے لگی نواب بہادر محلی نے زمین پر آرام کیا جان خدا کو سونپی نواب وزیر نے سر نواب بہادر کا تن سی علیحدہ کرکے لاش درمیان دریا کے ڈالی سر اوسی مکان پر گڈوایا۔ تمام شہر میں مشہور

معروف یہ واقعہ ہوا تاسف شہر میں کوچہ خانہ بخانہ ہوا۔

حضور مقدس معلیٰ حضرت ظل سبحانی میں مارا جانا بے گناہ نواب بہادر محلی کا عرض پہنچا۔ بہت افسوس فرمایا حکم قلعہ دار کو صادر ہوا قلعہ بند رکھو داروغہ توپ خانہ نے بموجب ارشاد معلیٰ کے گولہ زنی اوپر حویلی نواب وزیر کے شروع کی۔ نواب وزیر کو تاب ٹھہرنے حویلی کے نہ ہی کچھ توپ بڑی چوچکی اوپر جامع مسجد کے چڑہای گولہ اسکے اندر قلعہ کے محل عام (و محل) خاص (اور) محل سرای میں لگتے تھے تاہم زد توپ قلعہ کی سے توپ جامع مسجد سے گھر وزیر نہ رہ سکا لاچار معہ فوج کے فیروز شاہ کے کوٹلہ میں جا پڑا۔ حضرت ظل سبحانی نے انتظام الدولہ بہادر خلف الصدق نواب وزیر قمر الدین خان مرحوم کو اور غازی الدین خان[۱] خلف غازی الدین مرحوم نبیرہ نواب نظام ملک کو حضور معلیٰ میں یاد فرمایا اگرچہ غازی الدین خان بعد واقعہ غازی الدین خان مرحوم کے نواب وزیر ابوالمنصور خان بہادر کے پرورش پائی تھی قدری علیحدگی رفاقت نواب وزیر سے مزاج مکدر تھا جہاد کے لئے ہمراہ نواب انتظام الدولہ کے چارناچار آستانہ بوسی حضور مقدس کی حاصل کری۔ ارشاد ہوا تم دونوں بالاتفاق منصور بے شعور کو سزا پہنچاؤ خدمت وزارت امیر الامرائی کی سرفرازی پاؤ گے، دونوں آداب بجالائے، حضور پرنور سے رخصت ہوئے، اپنے اپنے دولت خانہ تشریف لائے پروانہ جابجا کو پہنچے۔ چنانچہ کامگار خان بلوچ بڑا رئیس سردار بلوچون کا رہنے والا فرخ نگر کا اور شاہ دِل خان پٹھان رئیس سردار مئو کا کہ ابوالمنصور خان سے عداوت علی رکھے تھا۔ طلب غازی الدین خان کی غنیمت جان کے ملازمت غازی الدین خان کی حاصل کری۔ کامگار خان بلوچ خوف ابومنصور خان کی سے آپ نہ آیا بہادر خان بلوچ نے ہزار جوان جمع کر کے غازی الدین خان سے ملازمت کی، پیچھے روز دوسرے کے غازی الدین خان نے بہادر خان کو اور شاہ دل خان

۱۔ غازی الدین خاں عماد الملک کے باپ کا خطاب تھا اور اس کے مرنے کے بعد صفدر جنگ کی سفارش پر باپ کا خطاب اور عہدہ میر بخشی عماد الملک کو مل گیا تھا۔ صفدر جنگ کی شکست کے بعد غازی الدین کا خطاب عماد الملک ہو گیا تھا۔

کو ساتھ لے کر ملازمت حضور اقدس کی سے سر فرازی بخشوائی۔ بہادر خان کو ارشاد ہوا ریتی میں زیر جھروکہ ڈیرا کرو۔ اسی طرح سے نواب صادق علی خان، انتا مان کیسر مرہتہ اور رئیس ہر چار طرف سے کوئی معرفت انتظام الدولہ بہادر کے بعضے معرفت غازی الدین خان کے ملازمت حضور مقدس کی سے سر فرازی پاتے تھے۔ جس روز کہ نواب وزیر ابوالمنصور خان نے نواب بہادر کو مارا تھا سورج مل جات کو اس مضمون سے لکھا فوج یہاں پہنچا دو گے، سورجمل اوپر مضمون اوس پروانے کے مطلع ہو کے معہ فوج ڈیگ سے کوچ کیا کئی روز میں متصل لشکر نواب وزیر کے ڈیرا کیا شہر پورانے کو کہ دہلی مشہور ہے لوٹ والیا اکثر عالم خاص اور عام مارے گئے بے حرمت ہوئے۔ توپیں قلعہ فیروز شاہ کے سے اوپر قلعی شاہ جہاں آباد کے چلتی تھیں اور اس طرف سے بھی توپ چلتی تھیں۔ اسماعیل علی خان بہادر، راجہ سورج مل اور اندر گسائین فوج کیثر سے ہمیشہ شاہ جہان آباد پر چڑھ آتے تھے اس طرف سے انتا مان کیسر مرہٹہ، بہادر خان بلوچ، صادق علی خان اور شاہ دل خان وغیرہ مقابلہ کرتے دس بیس جوان طرفین کے مارے جاتے۔ چنانچہ ایک روز تمامی فوج کنارے جمنا کے ریتی میں نیچے قلعہ کے اندر گسائین اور اسمٰعیل علی خان چڑھ آئے، نوبت جنگ تیر تلوار کی پہنچی۔ ایسا میدان گرم ہوا کہ سیکڑوں جوان دونوں طرف کا خاک پر لوٹتا تھا۔ بعد دو گھڑی کے ہمراہی اندر گسائین کے (اور) اسمٰعیل علی خان کے تاب نہ لائے پشت دی۔ فتح نانو بہادر خان کے ہوئی حضور معلی سے جغہ کلغی شمشیر خلعت چھ پارچہ کا نوبت سے سر فرازی پائی اوسی ضمن میں پروانہ نواب غازی الدین خان کا نواب سعد اللہ خان کے حافظ رحمت اور دوندے خان کے پاس جو سردار کٹیھر کے تھے آئے۔ عداوت ابوالمنصور خان کی سے انہوں نے جانا شاہ جہاں آباد کا اختیار نہ کیا صلاح سب کی بالاتفاق یوں ٹھہری، بالفعل دریا گنگا کو عبور کیجئے۔ آگے جو ہوگا سو کیا جائے گا، القصہ سب سردار کٹیھر کے اور دونڈے خان نے نجیب خان کو دارانگر سے بولائے کے ساتھ لیا عبور دریاو گنگا کا کیا۔ ہاپڑ میں اجتماع سب کا ہوا چنانچہ سیف

پور سے راو جیت سنگھ گوجر بھی تین چار ہزار سوار پیادہ سے آشامل ہوا۔ مشورہ ہر ایک موافق اپنی عقل کے کرتے تھے، حافظ رحمت خان اور دوندے خان نے کہا یہ جنگ سلطانی ہے البتہ برس دو برس عرصہ کھینچے گا مخالف ہمارے بہت ہیں اگر کوئی اس طرف آنولہ بریلی کے آوی انتقام معلوم، پس چلنا شاہ جہان آباد کا خوب نہیں نجیب خان اوس درمیان میں اوٹھ بولے تم سب سردار مالک ملک کے ہو بندہ افقط سپاہی ہے اگر اجازت ہو میں چلتا ہوں غرض کہ پانچ چھ ہزار سوار پیادہ سے نجیب خان تین ہزار سوار پیادہ سے راو جیت سنگھ نے شاہ جہان آباد کو کوچ کیا۔ غازی الدین نگر میں[۱] دو مقام کیئے تیسرے روز پھر رات گزری نجیب خان (اور) راو جیت سنگھ معہ پال پڑتل کے سوار ہوئے دریا جمنا کا گھاٹ راج گھاٹ عبور کیا۔ آگے حویلی غازی الدین خان کے پہنچے فوراً دونوں کو ہمراہ لے کے حضور معلیٰ سے ملازمت معہ خلعت شش پارچہ نوبت نقارہ منصب چار ہزاری سرفرازی بخشوائی، ان دونوں نے موافق ارشاد والا کے مورچا اوپر جسویون کے متصل کوتلہ فیروز شاہ کے مقرر کیا اسمٰعیل علی خان، سورجمل جات اور گسائین نے چالیس پچاس ہزار سوار سے حملہ نجیب خان وغیرہ پر کیا، توپ چھوٹی بڑی طرفین سے چلنے لگی، آخر کو نجیب الدولہ راو جیت سنگھ اور بہادر خان بلوچ مستعد مقابل ہوے۔ اول جنگ تیر تفنگ بعد اس کے نیزہ بازی اور شمشیر اندازی اس قدر ہوئی (کہ) گرد پاہون (یعنی پاوں) جوانوں کے سے آسمان کو بلند ہوئی رات سے دن ہو گیا، رات سے دن ہو گیا، دن سے رات ہوگئی۔ اوس مقابلہ میں اچھے اچھے جوان بہادر دل چلے طرفین کے مارے گئے اکثر زخمی ہوئے چنانچہ نجیب خان، راو جیت سنگھ اور بہادر خان بلوچ بھی زخمی ہوئے۔ سرداروں میں وزیر کے اندر گسائین مارا گیا۔ اسمٰعیل علی خان اور سورج مل نے بھی شکست میدان سے کھائی اپنے ڈیرون میں داخل ہوئے فتح نانو نجیب خان کے ہوئی۔ رات اس طرح مورچوں پر گزری۔ وقت صبح کی نجیب خان اوراجیت سنگھ (اور) بہادر خان بلوچ حضور والا میں حاضر ہوئے حضرت معلیٰ نے کمال تفضلات شاہانہ سے جغہ کلغی شمشیر موتیوں کی مالا ہر ایک کو بخشش فرمایا۔ نجیب خان کا خطاب نجیب الدولہ ثابت جنگ

۱۔ غازی الدین نگر موجودہ غازی آباد کا نام تھا۔

سرفراز ہوا دوسرے روز خود نواب وزیر ابوالمنصور خان تمام فوج اپنی اور سورج مل وغیرہ رفقاء کمکی ساتھ لے کر اوپر مورچہ نجیب الدولہ بہادر کے سوار ہوآیا۔ جنگ تفنگ تیر کی شروع ہوئی اور اس طرف مرحلوں اور بُرجوں کوٹلہ فیروزشاہ کے گولہ توپ سے اوپر قلعہ شاہ جہان آباد کے چلنے لگے، غرض ہر چار طرف جنگ ہوتی تھی آخر الامر سبھوں نے یورش نجیب الدولہ پر کری اور اس طرف سے بھی روہیلہ پیادہ ہوے، تلوار ہاتھ میں نعرہ اللہ اللہ کا بولتے فوج میں نواب وزیر کی گھونس گئے جوان ہندوستان کے تاب شمشیر کی نہ لئاے یکا یک پشت دی کوٹلہ فیروزشاہ کا خالی تھا روہیلے جا داخل ہوئے جو توپ خانہ وغیرہ اسباب نواب وزیر کا تھا سب لوٹ لیا نواب وزیر لاچار ہو معہ فوج کے خضر کی کمیٹی پر ڈیرا کیا۔ غازی الدین خان کو شقہ بہ دستخط خاص لکھا: گفت صفدر آنچہ شد از خواہش تقدیر شد طفل دامن گیر ما آخر گیر یبان گیر شد۔ شقہ نواب وزیر ابوالمنصور خان کا پڑھا در جواب بہزار غدر اور حیلہ سے لکھا اس مضمون کا:

حیف من با قبلہ گاہی طرز جنگ انداختم سخت بدکردم بسوئی کعبہ سنگ انداختم، اب تشریف لے جانا، آپ کا طرف صوبہ اودہ کے بہت بہتر ہے۔ نواب وزیر نے وہ جواب پڑھ لاچار اودھ فیض آباد کو تشریف لے گئے سورج مل اپنے قلعہ ڈیگ میں داخل ہوا۔ اس طرح رفیق کمکی اپنے اپنے مکان کو نواب سے رخصت حاصل کرکے حضور پرنور حضرت ظل سبحانی کی سے خلعت ہفت پارچہ کا موتیوں کی مالا قلمندان وزارت کا خطاب جمدۃ الملک مدار المہام وزیر الممالک سپہ سالار یار باوفا انتظام الدولہ خان خانان قمر الدین خان چین بہادر بصرت جنگ سرفرازی نواب انتظام الدولہ کو ہوئی اور خلعت ہفت پارچہ موتیوں کی مالا شمشیر چغہ کلغی خطاب امیر الامرا بخشی ممالک سپہ سردار یار وفادار نظام ملک غازی الدین خاں بہادر فتح جنگ غازی الدین خان کو مرحمت ہوا شیر کوٹ، نگینہ، جلال آباد، نہٹور، کرتپور، منڈا اور بجنور کہ جاگیر ابوالمنصور خان کی تھی نجیب الدولہ بہادر کو عنایت ہوئی۔ طرف نواب غازی الدینخان کی سے نجیب الدولہ اوپر فوجداری سرکار سہارنپور کی مقرر ہوئی۔ بعد کتنے ایک دنوں کے نواب غازی الدین

خان لشکر کثیر توپ خطیر ساتھ لے کر متصل سکندرہ کے ڈیرا کیا (اور) سورجمل جات کو لکھا بہتر ہے قلعہ ڈیگ، بھرت پور، کنبھیر خالی کرو اور خود استانہ بوسی (سے) حضور مقدس کی سرفرازی پاؤ وسورج مل جات صاحب خزانہ صاحب ملک صاحب فوج مالک قلعہ جات بڈون بڈون کا تھا غرور سے جواب برخلاف لکھا قصہ مختصر مقابلہ نوکوس ڈیگ کے معہ راوملہار راو بھونسلہ جمعیت لاکھ سوار کی سے جا ڈیرا کیا۔ رسد آمد غلہ کی قلعہ ڈیگ کی میں بند ہوئی بعد کتنے دنوں کے سلامت کوچی متصل ڈیگ کی جالگی، جنگ توپ کلان کی طرفین سے ہوتی تھی غازی الدین خان نے عرضی حضور مقدس کو اس مضمون سے ارسال کی اقبال عالی سورج مل جات قلعہ بند ہوا اور خوب تنگ ہوا توپیں کلاں چوچکی غلام کو عنایات ہوشتاب استیصال مایہ فساد کا ظہور میں آوے گا۔ عرضی نظر اشرف اعلیٰ میں گزری نواب وزیر ممالک انتظام الدولہ خان خاناں بہادر نے دریافت مضمون عرضی کا کر کے التماس کیا۔ سورج مل جات مالگداز عفو تقصیرات کا چاہتا ہے غازی الدین خان نے فوج دکھنیوں کی نزدیک ڈیڑھ لاکھ سوار پیادہ کی بولا کر ملک بادشاہی کو پامال غارت کیا۔ اگر توپ خانہ حضور معلیٰ کا پاس اس کے پہنچے گا شاید بدستور صفدر جنگ کے اپنی کم بختی میں گرفتار ہویگا۔ پس صلاح دولت یہ خیال میں فدوی کی آتی ہے خود حضرت بدولت وجلالت معہ توپ خانہ عبور جمن فرماویں، اس وقت جیسا صلاح دولت ہو عمل میں آوی احمد شاہ بہادر بادشاہ نے سنا خوب تصور فرمایا یہ ہی صلاح مزاج میں آئی فوراً توپ خانہ کو حکم ہوا چند روز میں خود بدولت وجلالت معہ فوج کثیر لشکر خطیر توپ خانہ وغیرہ اسباب جنگی اور نواب وزیر انتظام الدولہ خان خاناں بہادر اور امرایان عالیشان کے عبور جمن فرمایا کوچ بکوچ نواح سکندرہ کا مضرب قیام کا ہوا۔ شقہ مزین بدستخط خاص سورج مل کو صادر ہوا اس مضمون سے کہ معہ فوج کے ڈیگ سے باہر آؤ، ملازمت ما بدولت کی میں حاضر ہو۔ اگر غازی الدین خان سد راہ ہوگا سزا اپنی پاوے گا۔ یہ خبر کسو نے غازی الدین خاں کو پہنچائی سنتے ہی کئی سوار بطریق جاسوسی کے راہ ڈیگ کی متعین کیئے جس وقت کہ ہرکارہ معہ شقہ حضور کے اوس راہ آیا سوار ان

متعینہ نے حضور غازی الدین خان کے حاضر کیا اور احوال شقہ کا دریافت کر کے راوملہار مرہٹہ کو پوشیدہ کہہ بھیجا مزاج بادشاہ طرف ہماری سے برہمی رکھے ہے بلکہ درپے ذلیل کرنے کے ہے، پس یہی صلاح ہے تم اون سے سمجھ لو۔ راوملہار نے بھی احوال معلوم کر کے معہ فوج جلد سوار ہوا یکا یک اوپر لشکر بادشاہ کے چڑھ آیا، جنگ نیزہ شمشیر کی ہونے لگی۔ تمام لشکر بادشاہی نے شکست کھائی۔ خود احمد شاہ بہادر بادشاہ اور نواب وزیر خان خاناں بہادر ہاتھی پر سوار متوجہ شاہ جہان آباد کے ہوئے، پہر رات پچھلی باقی رہی دریا جمنا کو عبور فرمایا، زینت بخش قلعہ کی ہوئے۔ اوسی طرح امراء عالیشان چھوٹے بڑے سپاہی بازاری اردو معلی کے کوئی سوار کوئی پیادہ جس طرف کو موہنہ اوٹھا متفرق ہوئے بعد وقعوع اس ماجرا کے غازی الدین خان نے ڈیگ کو چھوڑ معہ فوج کوچ کیا شاہ جہان آباد میں آیا داخل اپنی حویلی میں ہوا پیچھے گزرنے پانچ سات روز کے خاص رسالہ حضور معلی کا اور تعینات قلعہ کی بموجب حکم حضور کے غازی الدین خان سے کیا۔

باب چہارم

(عالمگیر ثانی کی تخت نشینی)

غازی الدین خان نہایت متفکر ہوا اپنے دل میں سوچا بادشاہ عالم پناہ برہم ہوا پس کچھ حکمت عملی سے بادشاہ اور (یعنی دوسرا) کیا چاہیے عاقبت محمود جو اوستاد اور مختار غازی الدین خان کا تھا سنا کہا یہی صلاح بہتر ہے، بارے واسطہ خالی کرنے قلعہ کے یہ تدبیر کی، تمام نوکر حضوریوں کو حکم کیا، سب آو اپنا حساب کرو، جو از روی حساب کی بروئے تنخواہ دام دام بے باق کرو، سب رسالہ خاص والے اور تعیناتی قلعہ کے خوش ہوئے، حساب متصدیون دفتر بخشی گری سے ہونے لگا چنانچہ ایک روز تمام تعیناتی قلعہ کے پوربیہ وغیرہ واسطہ تصفیہ حساب کے دفتر بخشی گری میں حاضر ہوئے، قلعہ میں سپاہی نہ رہا۔ غازی الدین خاں نے عاقبت محمود کشمیری کو کہ استاد دانا مالک مختار تھا، بولایا اور کہا ہرکارہ نے خبر دی ہے، قلعہ سپاہ سے خالی ہے۔ بادشاہ احمد شاہ محل سرای زنانہ میں اب وقت ہے تم پانچ سات آدمی سے قلعہ میں جاؤ، عزیز الدین شاہ کو بادشاہ کرو اور احمد شاہ کی آنکھوں میں میل کیجئے۔ چار گھڑی رات گزری عاقبت محمود ٹانگن پر سوار دس بیس آدمی ساتھ بیچ قلعہ کے جس حویلی میں شہزادے بند تھے گیا، محمد عزیز الدین شاہزادہ کو آداب تسلیمات غازی الدین خان کا عرض پہنچایا، بعد اس کے التماس کیا۔ سلطنت ہندستان کی آپ کو مبارک ہو، شاہزادہ عالی تبار نے فرمایا یہاں بخاطر جمع تلاوت حضرت کلام اللہ کی کرتے ہیں، نماز پڑھتے ہیں خوش رہتے ہیں، اگر دغا نہ ہو اور قسم کلام

اللہ کی ہوگیا مضائقہ ہے۔ غرض کہ بعد کتنے ایک اسی قسم کے سوال جواب کے عاقبت محمود نے قسم کی شاہزادہ عالی نے وضو کی، ملبوس شاہانہ پہری ٹانگن پر سوار عام خاص میں جہاں تخت رہتے ہیں تشریف ارزانی فرمائی، جلوس مبارک مانوس اوپر تخت کے فرمایا، عاقبت محمود کو رنشات بجالایا۔ ہزاران ہزار خوشی مبارکی سے عزیزالدین عالمگیر ثانی بادشاہ غازی سکّہ مبارک مقرر ہوا۔ نوبت خانہ کو حکم پہنچا (کہ) نقارہ شادیانہ کے بجاو۔

احمد شاہ بادشاہ کہ محل سرای زنانہ میں تشریف رکھیں تھے آواز نوبت بے وقت کے سن کے اڑدابیگنی کو ارشاد ہوا، خبر لا نوبت بے وقت بجتی ہے۔ جو جب ارشاد والا کے اردابیگنی چون دیوان عام خاص کی طرف آئی، کیا دیکھتی ہے کہ ایک شخص دراز ریش تخت پر سوار ہے آواز مبارکبادی کی ہر طرف سی آوے ہے۔ دیکھتے ہی اس مجرے کے دونوں ہاتھ سر پر مارتے اور بال نوچتے، آہ زاری کرتے، چھاتی کوٹتے ہوئے محل سرای میں گئی۔ سب احوال جو دیکھا تھا عرض کرتی تھی۔ اوسی ضمن میں حضرت عالم گیر ثانی تخت پر سوار عاقبت محمود وغیرہ کتنے شخص پا پیادہ سرای شاہی میں بے ہراس و بے وسواس درآئے۔ احمد شاہ بادشاہ کو پکڑا، میل آنکھوں میں پھیر دی۔ منادی شاہی عالمگیر ثانی کی پھر گئی اور غازی الدین خان نے ملازمان بادشاہی کو وے کہ واسطہ حساب تنخوہ کے تنگ کر رہے تھے، کہا: بادشاہ اور ہوا، جاو، حضور عالی میں۔ حاضر ہو آداب غلامی کا بجالاؤ اور اب بدون حکم کے تنخواہ پانے کے نہیں، سب شخص مشوش ہوئے، فکر ملازمت حضور اقدس کی مین گرفتار ہوئے۔

غازی الدین خان بھی جلد آیا، قدمبوس شاہ عالم گیر ثانی کی سے سرفرازی پائی، سوالاکھ روپیہ کئی ہزار اشرفی کیتنی کشتیئیں جواہر نظر معلیٰ گزرانی، حضور معلیٰ سے خلعت ہفت پارچہ خطاب وزارت موتیوں کی مالا جیغہ کلغی شمشیر قلمدان وزارت کا مرحمت ہوا۔ راو ملہار اور راگھو جی بھونسلا نے ملازمت عالی حاصل کرلی، خلعت خدمت صوبہ لاہور کا راو ملہار کو سرہند وغیرہ راگھو جیو کو مرحمت ہوا۔ نجیب الدولہ بہادر بدستور فوجداری سہارنپور کی پر بحال مسلم رہے۔ رسالہ سین داغ والی جمعیت پانچ ہزار سوار ولایتی مغل کہ بڑے بہادر مشہور تھے نواب وزیر غازی الدین خان

سے عرض کیا جب آپ امیر المرا بخشی ممالک تھے اب فضل الٰہی سے وزیر الممالک مختار ملک ہو خاوند ہو موافق حساب برآورد سات برس کے جو برآوردی عنایت کیجئے والا نہ ہم سب اپنے ہاتھ اپنا گلا کاٹتے ہیں۔ نواب وزیر نے دیکھا عالم سپاہ کا سب ایک ہی ارادا فساد کا رکھتے ہیں، اس وقت حکمت عملی سے ٹالا چاہیے، سب کی تسلی دلاسا کی خاطر جمع رکھو اس ہی فکر میں ہوں دس بیس روز میں تنخواہ سب کی جواز روی حساب برآوردگی آوے گی دام دام دیا جائے گا۔ سین داغ والے خوش ہوئے (اور) کلاون کو تاکید کی کہ جلد برآورد حساب کے دفاتر حضور پر نور کے سے مقابلا کرو وکیل دفترون میں مقابلہ برآورد کا کرتے تھے، بعد عرصہ پندرہ روز کے نواب وزیر معہ توپ خانہ اور فوج کے ڈیرا باہر کیا۔ داروغہ توپ خانہ کو پوشیدہ حکم کیا، سین داغ والوں کون سلخ توپ کی سے اوڑادو، بہادر خان بلوچ کو فرمایا تم معہ رفیقوں کے تیار ہو (اور) اونکو لوٹ لو۔ بموجب حکم کے بہادر خان تیار ہوا، توپ خانہ تیرہ بند موجود تھا، گولہ اندازوں نے توپ سیدھی کری اچانک سلخ سین داغ والوں پر ماری، وے اس مکر دغا سین (سے) بے خبر تھے۔ سینکڑوں اوڈ گئے، مر گئے، زخمی ہو گئے۔ بعد اس کے بہادر خان بلوچ معہ رسالہ اپنے کے اوپر رسالہ سین داغ کے پہنچے، بہت مارے، بہت لوٹ لئے، بے چارہ آوارہ خراب ہر طرف کو ہو گئے۔

(نجیب الدولہ کا ردِّ عمل)

نجیب الدولہ بہادر نے احوال سین داغ والوں کا دریافت کیا جی میں فکر مند ہوا کہ نواب وزیر غازی الدین خان ذات کا مغل سخت دغاباز ہے، نزدیک اس کے سے دوری بہتر ہے۔ افضل خان (اور) سلطان خان کو بلایا یہ احوال بیان کیا، جی میں آتا ہے احمد شاہ درانی بادشاہ قندہار کے احوال اس ملک کا لکھیے، اگر بموجب لکھنے ہمارے کے متوجہ ہندوستان کے ہو ہمارے حق میں بہتر ہے۔ سب نے کہا جو صلاح مزاج میں گزرے، بہت خوب ہے، القصہ عرضی حضور شاہ درانی کو ارسال کی۔ شاہ دردرانی نے مضمون گزرنے عرضی کا دریافت کیا۔ ملک ہندستان کا طائف ملوک ہے، بندوبست

بادشاہی سب ہوا شاہ ولی خان، جہان خان وغیرہ امراء قندھاری بلخی بخاری جمعیت لاکھ سوار کی سے جلد دریاواٹک عبور فرمایا، یہ خبر پیچ حضور معلیٰ عالمگیر ثانی کے اور غازی الدین خان بہادر کے پہنچی۔ سنا شاہ عالمگیر ثانی مضطرب ہوئے، غازی الدین خان نے عرض کیا بالفعل خیال ناقص میں یوں آتا ہے، قلعہ شہر پناہ کا شاہ جہان آباد کا خوب مضبوط ہے گرد شہر پناہ کی مورچال قائم ہو، خود حضرت بدولت وجلالت معہ رسالہ خاص اور سب غلاموں کے طرف باہر شہر کے دائرہ دولت واقبال کا زینت بخش ہو۔ حضرت ظل سبحانی نے فرمایا یہی صلاح اپنی خاطر میں بھی آتی ہے، القصہ تدبیر کوچہ بندی مورچہ بندی شہر پناہ کا حکم دیا، اسی ضمن میں راوملہار وراگھوجی لشکر شاہ ودرانی کے سے شکست کھا کے قریب شاہ جہان آباد کے آئے۔ نواب نجیب الدولہ بھی معہ فوج کے سہارنپور سے شاہجہان آباد میں داخل ہوا۔ نواب غازی الدین خان نے بطور صلاح کے نجیب الدولہ سے پوچھا مقابلہ شاہ درانی سے شہر میں بہتر ہے یا باہر میدان میں؟ نجیب الدولہ نے کہا آپ اس کے مختار ہیں۔ روہیلے پٹھان سب ایک قومیت کے مقابلہ جنگ کا شاہ درانی سے نہیں کرنے گے، اتنے ہی میں شاہ درانی نواح سرہند کے آیا، سنتے ہی اس بات کے اور برخلاف مرضی نجیب الدولہ کی سے اضطرابی مزاج مقدس کو اور پریشانی خاطر نواب غازی الدین خان کی کو ہوئی صلاح جنگ کی موقوف ارادا ملاقات شاہ درانی کا کیا۔ حضرت ظلاللہ اور نواب غازی الدین خان معہ فوج کے اور نجیب الدولہ معہ روہیلوں کے طرف سرہند کے قصد ہوا۔ کئی روز (میں) متصل لشکر شاہ درانی کے زینت بخش ہوئے۔ اوّل نجیب الدولہ نے معرفت جہان خان کے ملازمت حضور شاہنشاہ درانی کی سے فیض یاب ہوا دو بدرے زرسرخ کے اکیس کشتییں جواہر اور پارچہ کے گزانی شاہنشاہ نے زبان افغانی میں فرمایا نجیب خان تو ولی راوڑ خداملالاہم ڈیر ورکڑی دی ترجمہ ہندی میں اے نجیب خان تو کیوں لایا خدا نے مجھ کو بھی بہت دیا ہے سوائے اس کے بہت تفصلات شاہانہ مبذول فرمائے۔ روز دوسرے شاہ عالم گیر ثانی کی شاہنشاہ درانی سے ملاقات ہوئی۔ اوسی ضمن میں معرفت شاہ ولی خان کے غازی الدین خان

نے بھی ملازمت شاہ درانی کی سے استفادہ حاصل کیا شاہنشاہ نے فرمایا غازی الدین خاں وزیر ہند کا تو ہے ہی کہ بادشاہ ظل اللہ خداوند نعمت سے بے ادبی گستاخی سخت ظہور میں آئی۔ تمام ملک نوکر بادشاہی ذلت میں گرفتار ہیں ایسے شخص کا سزا پہنچانا اصلاح اور ثواب ہی ہے شاہ عالمگیر ثانی نے فرمایا، امراء ہندوستان میں امیران امیر صاحب تدبیر ایک یہی ہے۔ شاہنشاہ نے فرمایا واسطہ بندوبست آپ کے کہا جاتا ہے والا نہ مابدولت کو اس کی وضع سے کچھ کام نہیں۔ امیر الامراء بخشی الممالک سپاہی مضبوط بہادر ہندوستان (کو) البتہ درکار ہے پس بہتر ہے نجیب الدولہ بہادر کو خلعت بخشی گری سے سرفراز کرو عالمگیر ثانی نے درجواب کہا جو آپ نے تجویز فرمایا اپنے دل میں بھی مدت سے یہ خیال تھا فاماوقایع سے اور تواریخ سلف عہد امیر تیمور صاحب قران کی سے تا حال منصب وزارت اور امیر الامرائی کی سے پٹھان سرفراز نہیں ہوئے ہیں۔ شاہنشاہ نے فرمایا طرف ہماری سے منصب امیر الامرائی کی سے نجیب الدولہ سرفراز ہوگے خدمت آپ کی میں حاضر رہے گا، شاہ عالمگیر ثانی لاجواب ہوئے۔ امیر الامرا بخشی الممالک نجیب الدولہ بہادر ثابت جنگ فدوی احمد شاہ درانی خطاب بخشا۔ غازی الدین خان بہادر نے جاناں کہ نجیب الدولہ طرف شاہ درانی کی سے مختار امورات سلطنت کا ہوا اور طرف ہماری سے کشیدگی رکھے ہے کسی طرح شاہ سے رخصت ہو کر جلد چلنا صلاح ہے شاہ ولی خان وزیر سے مشورہ کیا کہ اگر دو تین دستہ درانی کے حضور پرنور شاہنشاہ درانی کے سے ساتھ بندے کے تعینات ہوں تیس چالیس لاکھ روپیہ احمد خان بنگش، حافظ رحمت خان وغیرہ سردار کٹیہر، نواب شجاع الدولہ بہادر سے لے کر حضور عالی میں حاضر کروں۔ شاہ ولی خان نے یہ احوال حضور شاہنشاہ سکندر جاہ کی میں عرض پہنچایا درجہ قبولیت کا پایا جنگ باز خان بہادر درانی، شاہ پسند خان سردار اور غلام بیس ہزار کا ہمراہ غازی الدین خان کے تعینات ہوئے رخصت فرمایا غازی الدین خان معہ جنگ باز خاں اور شاہ پسند خان کے بیس ہزار درانیوں سے اور اپنی فوج سے طرف فرخ آباد کے آیا۔ نواب احمد خان بنگش، نواب شجاع الدولہ بہادر، حافظ

خان، دوندے خان، نواب سعد اللہ خان وغیرہ سردار کیتھر (کے) پاس سوار درانی پہنچے اور (عماد الملک) نے لکھا کئی سال سے تم اپنے گھر بیٹھے ملک کھاتے ہو۔ اب شاہنشاہ درانی اس ملک میں رونق افروز ہیں طلب روپیہ کی ہے بس بہتر ہے جو روپیہ موافق حساب کے طرف تمہاری برآوے نقد ساتھ لے کر بندے میں (یعنی بندے کے پاس) حاضر ہوں اگر لیت و لعل کچھ بھی درمیان اس کے ہوگی لشکر کثیر حضرت شاہنشاہ کا اس ضلع میں صادر ہوگا تمام ملک غارت بے چراغ ہو جا گا۔ ایک ایک خط مخفی ان سب سرداروں کو اس مضمون سے لکھا۔ ملک ہندوستان میں امراء عالیشان بہادر صاحب فوج صاحب ملک ثانی تمہارے نہیں صلاح یوں ہے بمعہ فوج سامان و ساز جنگی کے جمع ہو جیئے مقابلا شاہ درانی کا کیجئے، ان شاء اللہ تعالیٰ وقت جنگ کے فتح نصیب غازیوں ہندستان کے ہوگی۔ کئی لاکھ روپیہ کے شرطی ہنڈی دکھن کو پاس وتا جی پنت جنکو راو جی کے پاس پہنچے اور خط لکھا تمام امراء ہندوستان کے بالاتفاق ہیں منتظر آنے تمہارے کے ہیں بہتر ہے جس قدر جمع ہو فوج دکھنیون کی ہمراہ اپنے جلد لاؤ لوٹ سوا جو کچھ کہ پیسا کئی سال کا چوتھ تمہارے کا ہے ذمہ ہمارا تحصیل کروا دیا جا گا۔ انہیں باتوں میں مہینا چیت کا ہوا۔ سبب گرمی ہوا کی سے اکثر درانی بیمار ہوئے۔ شاہنشاہ درانی نے یہ احوال دریافت کر کے خدمت سرہند کی عبد الصمد خان درانی کو بخشی اور کئی سردار لاہور میں مقرر کئے نجیب الدولہ بہادر کو نیابت اپنی طرف سے عنایت کی شاہجہاں آباد کو رخصت ہوا۔ شاہ عالم گیر ثانی بھی شاہ جہان آباد میں رونق افزا ہوے۔ شاہنشاہ درانی معہ لشکر کوچ بکوچ دریا واٹک کو عبور فرمایا۔ کوچ شاہنشاہ درانی کے سے غازی الدین خاں بہت خوش ہوئے جنگ باز خان و شاہ پسند خان نے بھی کوچ طرف قندہار کے کیا۔ اسی ضمن میں خبر آمد آمد جنکو جی اور دتا جی پنت کی گرم ہوئی نجیب الدولہ نے سن کر شاہ جہان آباد سے کوچ کیا سکرتال میں ڈیرا کیا۔ تیاری موچہ بندی کی ہونے لگی بعد ایک ماہ کے جنکو جی (اور) دتا پٹیت جمعیت ڈیڑھ لاکھ سوار دکھنیوں سے شاہ جہان آباد میں ملازمت غازی الدین خان کی حاصل کی۔ بموجب حکم نواب غازی الدین خان کے جنکو جی (و) بالو

راو پنت پنڈت کو پاس نجیب الدولہ کے واسطے بولانے پہنچا۔ پنڈت آیا نجیب الدولہ نے دو ہزار سوار سے کوچ بکوچ فرخ نگر پہنچا جنکو جی جریدہ سوار ہوئے، استقبال کیا ملاقات بہت تپاک سے خیمہ میں واقع ہوئی ریتی ہیں متصل شاہ درہ کنارہ جمنا کے ڈیرا کیا غازی الدین خان نے سنا جنکو راو کو کہہ بھیجا نجیب الدولہ سے کہا حویلی میں دارا شکوہ کی مقام کیجئے بعد اس کے تصفیہ حساب کا ہوگا۔ نجیب الدولہ نے سنا جنکو جی سے کہا یہ معاملہ نہیں محض دغا ہے تمہاری قسم گنگا جلی سے میں جریدہ آیا ہوں۔ اگر دل میں نواب وزیر کے کچھ اور گھمنڈ ہو بندا اگرچہ چھڑا ہے حاضر ہے۔ جنکو جی نے سنکے کہا کہ آپ بخاطر جمع تصفیہ حساب کا خاطر خواہ کیجئے۔ اگر نواب وزیر نہ قبول کریں گے اور خوشی تمہاری نہ ہوگی فوج ساتھ دے کے شکرتال میں پہنچایا جاگا، یہ خبر وزیر نے معلوم کر کے جنکو جی کو رقعہ دستخط خاص سے لکھا، تصفیہ معاملہ نجیب الدولہ بہادر کے تم مختار ہو القصہ سوال جواب روبکار ہوا ساٹھ ہزار روپیہ بابت چوتھ کے قبول کئے باقی کئی لاکھ کی بابت دعوی نواب وزیر کے، نجیب الدولہ نے کہا متصدی دفتر وزارت کا ساتھ ہو شکرتال میں چلتے ہیں۔ جو باقی براوی نشان کیجائے جنکو راو نے کہا ایک ہمارا یہ کام ہے، پل گنگا بندھواؤ، نجیب الدولہ نے اس وقت دبے دبائے قبول کیا جنکو راو سے رخصت ہوا، شکرتال میں آیا تیاری سامان جنگ کی کری۔ نواب شجاع الدولہ بہادر، حافظ رحمت خاں وغیرہ کو لکھا بہتر ہوا گر شامل ہمارے ہووالا نہ پل گنگا کا بندھوادونگا، فوج دکھنیوں کی سے ملک تمام پائمال ہوگا، یہ احوال نواب شجاع الدولہ (اور) حافظ رحمت خان وغیرہ نے دریافت کیا۔ تیاری شامل ہونے نجیب الدولہ کی کری راو جنکو بھی اس مشورہ پر مطلع ہوئے غصہ کیا معہ ڈیڑھ لاکھ سوار پیادہ کے کئی کوچ میں ہسنا پور (حسن پور) مین آیا بالو راو پنڈت کو پاس نجیب الدولہ کے بھیجا کہو قول و قرار ترکون کا دیکھا معلوم ہوا بہتر ہے ساٹھ ہزار چوتھ کے ستر لاکھ روپیہ بقایا نواب وزیر کے ادا کرو، شتاب پل بندھواو والا نہ مجھ کو پاس اپنے پہنچا جانو گے۔ نجیب الدولہ بہادر نے کہا راجہ چنپت رام تم جاؤ اور جنکو جی کو کہو:

اگر معاملت راستی راہ ہے
لیٹو وہ جو اول کے تنخواہ ہے
میرے پاس شمشیر اور ڈھال ہے
نہ دینے کو کچھ پاس زر مال ہے
لیا ملک کو لوٹ میں ڈر بڑا
تجھے کام مردوں سے ناہین پڑا
روھیلے ہیں سب مرد میدان کے
لوہا چابنے والے کہستان کے
ابھی تیغ ہم نے نکالی نہیں
تم اوپر یہ بجلی جھمانی نہیں
چھکو گے بہت جب کہ گھمسان مچی
کہو گے کسی طرح سے جان بچی
خدا ہاتھ ہے فتح جس کو دے
کہ جو کھیت میدان میں جیت لے
اگر دل میں تیرے کچھ ارمان ہے
چلا آ مردوں کا میدان ہے

راجا چنپت رام نے حقیقت پنچ اونچ سنی اور بیان کیا جنکو نے سبب خورد سالی کے (اور) غرور فوج کے ایک نہ مانا۔ در جواب کہا بروال ہماری فوج کی کفایت کریں۔ تیاری فوج کی سین سوار ہوا، نانوتہ مفاصلہ چار کوس شکرتال سے ڈیرا کیا۔ توپ خانہ گانو مورنہ مفاصلہ ایک کوس کے شکرتال سین قائم کیا جنگ توپ گولہ کی طرفین سے ہوتی تھی نواب غازی الدین بھی معہ بہادر خان بلوچ وغیرہ امرایوں جمعیت پچاس ہزار سوار کے متصل مورنہ گانو کے آ ڈیرا کیا ہر روز بیس تیس ہزار سوار دکھنی یورش اوپر تال کے کرتے روہیلے بھی مقابلہ کرتے ہمیشہ دس بیس جوان اس طرف کے دس بیس اس طرف کے

مارے جاتے زخمی ہوتے کہ اوس ضمن میں بخشی سردار خان پانچ ہزار سوار سے جلال آباد پہنچا تھا نواب شجاع الدولہ امروہہ تلک آیا اس طرح حافظ رحمت خان دوندے خان، فتح خان، نواب سعد اللہ خاں، نواب فیض اللہ خان، نواب عبداللہ خان، نواب محمد یار خان، نواب اللہ یار خان وغیرہ پس وپیش چلے آتے تھے اور عبور دریا اٹک کے شاہنشاہ درانی بھی گرم ہوئے۔ غازی الدین خان نے ناہر سنگھ گوجر کو کہا فوج دکھنیوں کی پایاب گھاٹ گنگا کے اوتار دو ناہر سنگھ نے قبول کیا چار گھڑی رات کے جنکو جی (اور) دتا پنت نے توپ خانہ آگے رکھوالیا جمع ہو کے حملہ اوپر شکرتال کے کیا اور چالیس ہزار سوار ہمراہ ناہر سنگھ گھاٹ چانڈی کے پایاب اوترے جلال آباد وغیرہ محالات کے دیہات لوٹ لئے تھے اور اس طرف روہیلہ اور قطب جنگ وغیرہ مورچوں سین باہر نکلے تیر تفنگ موقوف نیزہ، تلوار چلتا تھا کہ صاحباپٹیٹ رئیس دکھنیوں کا تھا مارا گیا اور بہت مارے گئے شکست کھا کے اپنے مورچوں میں داخل ہوئے خبر اوتر نے پایاب گنگا کے شجاع الدولہ نے سنکر امروہہ سے کوچ شکرتال کیا امراء (اور) اندر گسائین بیس ہزار سوار ساتھ لے بک ٹوٹ مقابلہ مرہٹوں کے آٹھ ہزار مرہٹہ مارے گئے زخمی ہوئے بہت سے دریا میں ڈوب گئے باقی فرار ہو گئے اوسی ضمن میں خبر پائی کہ شاہنشاہ درانی پانی پت آن پہنچا۔ سنتے ہی غازی الدین خان جریدہ ہمہ روز شاہجہاں آباد داخل ہوا، اسباب نقدی جنسی قبائل قلعہ ڈیگ کو روانہ کئے راجا بھاو سنگھ اور راجا بسواس رای بیٹا نانا جو کہ سردار دکھن کا تھا نزدیک اندور کے جمعیت تین لاکھ سوار کی سے دکھن سے آتا تھا، چھٹی جنکو جی کو (اور) دتا پنت کو لکھی میں بھی جلد آتا ہوں تم شتابی مت کیجیو شاہجہان آباد کے قلعہ میں رہیو، جنکو جی نے پڑھتے اوس چھٹی کے روہیلوں کو چھوڑ شاہجہان آباد کو کوچ کیا، نجیب الدولہ بہادر اور شجاع الدولہ بہادر نے جریدہ کوچ کیا، ملازمت شاہ درانی کی سے سرفرازی پائی۔

کسو ہرکارہ نے نواب غازی الدین خان کو خبر دی کہ شاہ عالم گیر ثانی نے بھی نامہ بدستخط خاص شاہنشاہ درانی کو لکھا کہ غازی الدین خان مائل بہ فساد نے تمام ملک

کوخراب کیا الحمد اللہ آپ اس ضلع میں تشریف لائے اغلب ہے یہ خلل انداز اپنی سزا کو پہنچے گا۔ سنتے ہی اس مضمون نامہ کے غازی الدین خان حضور پرنور شاہ عالم گیر ثانی میں حاضر ہوا۔ عرض پہنچائی کہ دو تین لاکھ سوار دکھنیوں کے لاکھ غلام امراء ہندوستان کے ساتھ رکاب معلیٰ میں حاضر ہے۔ دائرہ دولت کا باہر شاہ جہان آباد سے رونق بخش ہو اور آج خود بدولت تیمناً پای قلعہ فیروز شاہ کے تشریف فرمائے بہتر ہے بادشاہ لاچار تھا اور اس دغا کو نہ سمجھا فرمایا بہت بہتر صلاح ہے۔ القصہ دو گھڑی رات گئے بادشاہ عالمگیر قلعہ فیروز شاہ کے میں تشریف ارزاں ہوے، غازی الدین خان نے مہدی قلی خان کو بھیجا کہ بادشاہ عالمگیر فکر ایز اہماری میں ہے صاف کرنا صلاح ہے بموجب حکم کے مہدی قلی خان نے ملازمت شاہ عالمگیر کی حاصل کی وقت خلوت کا تھا بہانہ کچھ عرض کے تئین چپ پہلو تلوار بادشاہ کی گزرانی ارواح پاک نے اس وقت جسم خاکی چھوڑ کے فردوس معلیٰ میں بہم مجلس ملایکوں کا ہوا۔

(مرہٹہ اور احمد شاہ درانی کے درمیان جنگ)

نجیب الدولہ اور شجاع الدولہ نے جب ملازمت جناب شاہنشاہ درانی کی حاصل کی تھی بہت تفصلات سے فرمایا دو روز آرام پاؤ۔ انشاء اللہ تعالیٰ ہمروزہ میں یہاں سے دوڑ کے کفاروں کو قتل پہنچائیگے بعد گزرنے دو روز کے شاہنشاہ درانی معہ نجیب الدولہ اور شجاع الدولہ کے دوڑ کے اتفاقاً اس وقت جنکو راو و دتا پنت گھاٹ ٹیلہ مجنوں کے جمنا کو اوترے تھے کہ مقابلہ درانیوں اور دکھنیوں سے ہوا، وہاں تلوار چلنے لگی طرفین سے اس قدر عالم مارا گیا کہ خونریزی کثرت سے دریا جمنا سے پانی کے عیوض خون بہہ چلا اگرچہ مرہٹوں نے بمقدور سعی بہت کی فتح شکست طرف خدا کی سے ہے، بے فایدہ محنت ہوئی بہت سردار جنکو جی وتاپٹپت وغیرہ مارے گئے۔ اوس ضمن میں حافظ رحمت خان وغیرہ روہیلہ اور نواب احمد بنگش نے ملازمت شاہنشاہ درانی کی حاصل کی شاہنشاہ نے عبدالصمد خان درانی کو اور نجیب الدولہ، میاں قطب جنگ اور نواب مومن خان کو طرف کنجپورہ کے بھیجا، اوس درمیان میں بہاو راجا بسواس رائے تین لاکھ سوار مرہٹہ سے شاہجہان آباد میں داخل ہوا۔ ارادا کیا بعد فتح درانی کے بطور رای پتھورا کے راج تمام ملک ہندوستان کا کیجئے، راجا بہاؤ نے شاہجہان آباد سے کوچ طرف کنجپورہ کے کیا، کچھ جنگ تیر تفنگ کی ہوئی۔ بعد اس کے میدان میں تلوار چلی۔ صمد خان شہید ہوا میاں قطب جنگ نواب مومن خان زخمی، بے شمار میدان میں گرے مرہٹہ ان تینوں سرداروں کو زخمی اور شہید کو اٹھا کے لے گئے راجا بہاؤ نے ان دونوں زخمیوں کو توپ کے منہ رکھ کے اڑا دیا۔

ماجرا شہید ہونے عبدالصمد خان و میاں قطب جنگ اور نواب مومن خان کا گوش

مبارک شاہنشاہ کے پہنچا۔ کمال افسوس کیا نامہ راجا بھاؤ کو لکھا اگر مرد ہے کوئی کھیت میدان مقرر ہو۔ ہمارے تمہارے ایک صف جنگ ہو راجا بھاؤ غرور فوج کے سے ہم روز اپنا کسو کو نجانتا تھا در جواب لکھا جس وقت ہم دکھن سے چلے تھے ہم نے یہی مقرر کیا تھا اور تمنا رکھتے تھے کوئی مرد اگر مقابل ہو ایک صف جنگ لڑے یہ خوب ہوا آپ ہی نے فرمایا سنتے ہیں میدان متصل پانی پت کے جہاں لڑائی اعظم شاہ (اور) بہادر شاہ کی ہوئی تھی خوب وسعت کے ساتھ ہے۔ اگر پسند مزاج مبارک آوے بہتر ہے یہ کہا اور راجا بھاؤ نے معہ فوج اوس میدان کو کوچ کیا۔ اس طرف سے شاہنشاہ درانی متصل پانی پت کے معہ نجیب الدولہ بہادر، شجاع الدولہ بہادر، حافظ رحمت خاں بہادر وغیرہ سردار کیتھر اور نواب احمد خان بنگش کے مثل بمثل ڈیرا کیا سلامت کو چہ زنجیر بند توپ خانہ کیا۔ راجا بھاو نے بھی بدستور شاہ درانی کے حکم کیا کہ سنگھر کرو لشکر کو درست کرو گرد توپ خانہ مورچہ بندی خوب مضبوط سینہ پناہ جلد تیار ہو۔ کسی شخص سال خوردہ کارازمودہ نے راجا بھاؤ سے عرض کیا اب تئیں کوئی دکھنی سنگھر میں نہیں لڑا۔ بہہ صلاح خوب نہیں، راجا بھاو نے کہا، لڑائی دکنھیوں کی قزاقی، اپنا ارادا سلطنت کا ہے آج جیسی فوج بہادر ہمارے ساتھ ہے کسو پہلے بادشاہوں کے پاس نہ ہوگی قصہ مختصر ابراہیم[۱] خان گاروی اور سب مرہٹوں نے قسم کھائی کہ اس میدان میں مرے بھی تو پشت نہ دیں گے بطور قراولی کے جنگ طرفین سے ہوتی تھی۔ ارشاد شاہنشاہ درانی کا ہوا، بیس ہزار مسلح ہر روز پچاس کوس تئیں حد شاہ جہان آباد کے سے تانجپورہ وغیرہ گرد پیش لشکر مرہٹوں کے جو بیوپاری غلہ کا گھاس لکڑی بھی ملے، لوٹ لاو اور قتل کرو ملک کو ویران مطلق اوجاڑ کرو بموجب ارشاد معلّیٰ کے درانی سوار ہر چار طرف سوار ہو گئے۔ تمام ملک ویران بے چراغ کیا، رسد غلہ کی موقوف ہوئی، لشکر دکھنیوں کی میں گرانی بہت ہوئی کہ آٹا چار پانچ روپیہ سیر

---

[۱] ابراہیم خان گردی نے فرنگیوں سے توپ چلانا اور دوسرے آتشی اسلاح کا استعمال سیکھا تھا اور اہل یورپ کی طرح جنگ کرتا تھا۔ اس کے پاس زبردست توپ خانہ تھا۔ گلستان رحمت، رق ۱۱۷ الف و ب۔

پیدا نہ ہوا، عالم الجوع الجوع کہتا مرتا تھا باوجود اس تکلیف کے دکھنی سردار بے ہراس، بے وسواس مستعد تھے۔ دس دس بیس ہزار سوار یورش اوپر پٹھانوں درانیوں کے کرتے تھے ہر روز سو سو دو دو سو جوان طرفین سے مارے جاتے تھے، زخمی ہوتے تھے۔ صبح سے تا شام تئیں طرفین سے جنگ گولہ اندازی ہوتی تھی ایک روز مرہٹے بھوک سے بہت تنگ ہوئے راجا بہاو سے عرض کیا نہایت ضعف سے طاقت نشست برخاست کے نہ رہی راجا بہاو نے کہا سچ ہے سب شدائد دنیا میں شدائد جوع سخت تر ہے آخر ایک دن جنگ میدان کی ہونی برحق ہے، پس یوں ہی بہتر ہے صبح کو معہ فوج توپ خانہ کے تیار ہوجیئے غول جدی جدی سرداروں کے مقابلہ علیحدہ علیحدہ سردار درانیوں روہیلوں کے ہوئے لڑائی ہماری البتہ غالب ہوگی۔ ابراہیم خان گاردی اور سب دکھنیوں نے پسند کیا۔ نصف شب سے ساری مرہٹہ فوج مسلح ہوئی۔ توپ خانہ تیار ہوا چار گھڑی شب باقی رہی سے توپ خانہ چلنے لگا درانی روہیلے پٹھان بھی اپنے اپنے مورچوں پر مسلح تیار ہوئے۔ توپ خانہ بھی چلتا تھا سردار دکھنی علیحدہ علیحدہ غول باندھ کر اوپر سردار درانیوں روہیلوں کے جا کے مقابل ہوئے غرض جنگ علیحدہ علیحدہ ہوتی تھی حکم شاہ درانی کا شاہ ولی خان، جنگ، باز خاں، شاہ پسند خان وغیرہ کو ہوا مورچوں سے اپنے باہر مت نکلیو القصہ بموجب حکم کے سب اپنے اپنے مورچوں پر قائم رہے۔ سب وہاں سے لڑتے تھے خود بدولت وجلالت شاہ درانی چار دستہ غلاموں کے سے ایک مکان اونچے پر کھڑے ہوئے، دوربین سے ہر چار طرف دیکھتے تھے، توپ بڑی بڑی چوچکی طرفین سے چلتی تھی، بندوق دستی گھوڑ چڑھی بھی چھوٹتے تھے۔ بازار ملک الموت کا گرم ہوا دو غول دکھنیوں کے چالیس ہزار اوپر مورچے دوندے خان کے آئے جنگ نیزہ تلوار کی اس قدر سخت ہوئی کہ اکثر سپاہی روہیلے دل کچا ہوگئے ارادا افرار کا کیا یہ احوال شاہنشاہ نے دریافت کیا ایک دستہ غلاموں کا مدد دوندے خان کی فرمایا بموجب حکم اشرف کے جلد غلام اوپر مورچوں پر شامل دوندے خاں کے آ ہوئے مرہٹوں سے لڑائی کی قریب ایک گھڑی کے تلوار خوب چلی طرفین سے بہت مارے گئے بہت زخمی ہوئے۔ اس

وقت ابراہیم خان گاروی مقابلہ نجیب الدولہ کے اور راجا بسواس رای (اور) راجا بہاو مقابلہ درانیوں کے تھے اس طرح دکھنی ہر چار طرف سے پل آئے جنگ توپ رہکلہ کی موقوف نیزہ تلوار چلنے لگا۔ تنبور بجا آواز شہنائی کرنای کی سے زمین پھٹی جاتی تھی، آسمان ڈگمگاتا تھا۔ ہر طرف زخم نیزہ تلوار کی سے فوارہ خون کے جاری تھے اور نہر بہتی تھی بوجھ (یعنی دباو) مورچوں نجیب الدولہ پر دیکھا ایک دستہ درانیوں کا مدد بھیجا مقابلہ ابراہیم خان گاروی سے ہوا تاہم ابراہیم خان گاروی غالب ہوا شاہنشاہ نے ایک دستہ دوسرا مدد نجیب الدولہ کے رخصت فرمایا جلد جا شامل ہوئے تلوار پر تلوار چلتی تھی لاش پر لاش گرتی تھی اوس میدان خون کی بہنی والی میں جوان بہادر آپ جان دیتے تھے اسی درمیان میں ہر کارہ نے عرض جناب شاہنشاہ درانی میں پہنچائی۔ اوپر مورچے شجاع الدولہ بہادر کے بہت بوجھ ہے وہ چوتھا دستہ غلاموں کا پاس شاہنشاہ کے تھا۔ شجاع الدولہ کو رخصت فرمایا شاہنشاہ نے دیکھا سوائے خاص دستہ کے اور نہیں رہا اور دکھنی غالب ہیں اس وقت ٹوپی اپنے سر سے اتاری دوال لگام کا گلے میں ڈالا جناب الٰہی میں دعا کی اس مضمون سے خداوند تو مالک خاوند ہے، ہندوستان میں محض توکل نام تیرے کے اوپر آیا ہوں سوای تیرے مدد معاون دوسرا نہیں۔ فاتحہ خیر پڑھی خود بدولت حضرت شاہنشاہ طرف جہان خان کے تشریف لائے شاہ ولی خان نے یہ خبر سن کے حملا راجا بسواس رای (اور) راجا بہاو کے اوپر کیا۔ دکھنی بانیتی پیٹتی (؟) کرنے لگے۔ ہزار ہا عالم اوس میدان خون ریز میں پڑا تڑپتا تھا، پرنالہ خون کے بہتے تھے، قضا کار راجا بسواس مارا گیا۔ راجا بہاو نے بسواس رائے مرا دیکھا، چھاتی کوٹی سوچا پھر دکھن میں جا کر نانا جیکو کیا منہ دیکھائے گا۔ فیلبان کو حکم ہوا ہاتھی مقابل شاہ درانی کے کیا۔ اوسی ضمن میں ابراہیم خان گاردی آشامل ہوا، میدان جنگ کا گرم ہوا، ہر طرف تو وہ لاشوں کے ہوگئے۔ راجا بہاو بھی زخمی بے شمار ہوا، اونہیں لاشوں میں گرا، کثرت زخموں کی سے اور بہتابت لاش کی سے امتیاز شناخت کا نہ تھا۔ یہ خبر سمع مبارک شاہنشاہ کے پہنچی، شاہنشاہ نے سجدہ شکر کا جناب الٰہی میں ادا کیا۔ جو درانی کہ لڑتے تھے حکم ہوا دکھنیوں کو

لوٹو، لوٹ معاف ہے جو درانی کہ ساتھ تھے امر تعاقب فرار مرہٹوں کا ہوا فتح کامل ہوی۔ بعد چند ماہ کے شاہنشاہ نے ارادا طرف قندہار کے کیا۔ سب امرایون ہندوستان کو رخصت فرمایا۔ نجیب الدولہ بہادر کو سوائے (یعنی علاوہ) سہارنپور وغیرہ کے چکلہ سکندرہ، پانی پت، سن پت (سونی پت) وغیرہ سے تو (تا) ہانسی حصارتیئں مرحمت فرمائے۔ نائب اپنا شاہجہان آباد میں مقرر کیا۔[۱]

نجیب الدولہ قلعہ بادشاہی میں بیچ شاہجہان آباد کے رہتے تھے جوان بخت شہزادۂ عالم خلف شاہ عالم گوہر بہادر بادشاہ غازی بن بادشاہ عالم گیر (ثانی) شہید کا

---

[۱] مرزا طہماس قلی کی خود نوشت طہماس نامہ کے مطابق مرہٹوں کے دہلی پر قبضہ کرنے کے وقت احمد شاہ ابدالی کول (علی گڑھ) میں خیمہ زن ہوا تھا۔ کول ہی میں اُس سے شجاع الدولہ، نواب احمد خان بنگش، حافظ رحمت خان بھڑیچ اور نواب نجیب خان عمر خیل (نجیب الدولہ) آکر اس کی فوج میں شامل ہو گئے تھے۔ ان کے آنے کے بعد احمد شاہ دُرّانی نے شاہدرہ کا رخ کیا اور وہاں خیمہ زن ہوا۔ اسی اثناء میں مرہٹہ سردار بھاؤ نے پانی پت پہنچ کر سردار صمد خان کو جو کہ احمد شاہ ابدالی کی جانب سے سرکار سرہند کا فوجدار تھا اور وہ سرہند سے کنجورہ آگیا تھا مرہٹوں سے جنگ کرنے کے لئے۔ شکست دے کر قتل کر دیا۔ صمد خان کا ساتھی نجابت خان روہیلہ بھی مارا گیا تھا۔ اُن کی شکست کی اطلاع پانے کے بعد احمد شاہ درانی جنگ کے ارادہ سے پانی پت کی طرف بڑھا۔ پانی پت پہنچ کر اس کی فوج نے ''از ہر چہار طرف حصار بستہ رفتن رسد غلہ جات مرہٹہ ہا مسدود ساخت'' باوجودیکہ یک دو مرتبہ اکثر برای آوردن رسد و زدن راہ لشکر شاہ قصد کردہ رفتند لیکن از دست بردو ترکتاز فوج شاہ یکی از ان جا بسلامت نبرد و در ہمان مکان ہمہ ہا قتل و دستگیر گشتند۔ از واقوع ایں حالت پُر ملامت مرہٹہ ہا پریشان و ہراسان شدہ از توپ رہکلہ از ہر چہار طرف سنگر بستہ محصور و تنگ گشتند۔ نوبت تا بایجا رسید کہ احدی از خوف جان از سنگر بیرون نمی برآمد۔ آخر الامر از گرانی غلّہ لشکر مرہٹہ بسیار عاجز و تنگ گردیدہ بارادہ جنگ صف میدان کوچ کرد و احمد شاہ درانی خود سوار شدہ در جنگ پیوست۔۔۔ بحسب تقدیر بہاؤ و سواس رای مرہٹہ سردار کشتہ شدند و فوج مرہٹہ شکست خورد۔ غنایم بسیار از زر و زیور و اسباب بے شمار بدست سپاہ شاہ و دیگر سرداران آن نواح افتاد۔ دیکھئے: طہماس نامہ، مرتبہ محمد اسلم، لاہور ۱۹۸۶ء، ص ص ۲۴۳ تا ۲۴۴۔

نایب سلطان مقرر کیا۔ اون دنوں میں عالی گوہر شاہ عالم بادشاہ غازی طرف پورب کے تشریف ارزاں ہوئے اور خدمت وزارت کی نواب شجاع الدولہ بہادر کو مقرر ہوئی۔

اتفاقاً نجیب الدولہ بہادر طرف نجیب آباد کے تشریف لائے۔ سورج مل نے روپ رام کتاڑہ کو پاس نجیب الدولہ کے بھیجا محال سکندرہ وغیرہ قدیم سے تصرف ہمارے میں تھے بہتر ہے چھوڑ دیجئے والا نہ بندہ لا چار خود خدمت میں آوتا ہے، نجیب الدولہ نے در جواب لکھا حضرت شاہنشاہ درانی نے بخشا ہے اگر آپ کا مزاج برسر فساد ہے لا چاری ہے سورج مل نے غرور بے شعور کے سے نہ مانا جمعیت اسی ہزار سوار پیادہ کی سے ڈیگ سے ڈیرا باہر کیا نجیب الدولہ بہادر نے حقیقت دریافت کرکے تاریخ ساتویں محرم کی چودہ پندرہ ہزار سوار پیادہ روہیلہ سے کوچ کیا متصل کول کے جا پہنچا مورچہ بندی درست کی راجہ جیت رام اور شیخ کرم اللہ خدمت گار کو پاس سورج مل کے بھیجا اور خط اس مضمون سے لکھا تم راجہ گڈھ پتی ہو اور میں سپاہی، اگرچہ چھوڑنے اپنے پرگنات میں کچھ زیر باری نہیں فامایہ خبر شاہنشاہ سنے گا تو ہمارے تمہارے حق میں خوب نہیں، آگے تم مختار ہو۔ راجہ جیت رام (اور) شیخ کرم اللہ نے خط دیا۔ زبانی کہا کچھ اثر نہ کیا۔ تمام لوگ فوج تیار کرکے بہ ارادہ جنگ کے سوار ہوا توپ خانہ جتوای کے مقابل ہوا جنگ توپ گولے کی ہوتی تھی۔ سورج مل خود دس پندرہ ہزار سوار سے طرف پشت کے آیا ہراول چنڈا اول سے لڑائی بندوق تیر کی ہوتی تھی۔ سورجمل اون سب سے تین سو ہزار سے علیحدہ ہوکے تماشا دیکھتا تھا۔ محمد خان بلوچ نے دور سے سورجمل کو پہچانا جمعیت تین سو سوار کی سے جا لڑای کہائی مارے گولیوں کے اور تیروں کے صدہا مارے گئے قضا کار زخم گولی سے سورج مل مارا گیا۔ فوج جاٹ نے ہزیمت کھائی اپنے لوگوں میں جا شامل ہوے سید محمد خان (نے) سورج مل کو پڑا کھیت میں دیکھ سر کاٹ لیا۔ حضور نجیب الدولہ میں حاضر کیا ڈنکا فتح کا بجایا فتح و نصرت سے شاہجہان آباد میں داخل ہوئے۔

(باب پنجم)

روہیلہ پٹھانوں کا زوال

(نجیب الدولہ کی موت)

بعد چند سال کے سندھیا جی پیشوا جی تکوجی ہولکر دکھن سے جمعیت تین لاکھ سوار کے سے متصل گہرہ سورجمل جاٹ کے آئے نجیب الدولہ اون دنوں میں بیمار سخت تھے۔ خبر آمد مرہٹوں کی سن کر جا ہاپڑ میں ڈیرا کیا، ارادہ مرہٹوں کا اگرچہ نجیب الدولہ کے ساتھ مقرر جنگ کا تھا کہ سب مرہٹے ڈرتے تھے، لاچار نول سنگھ راجا بیٹا سورجمل جاٹ کو ساتھ معرفت نجیب الدولہ بہادر کے معاملہ فیصل کیا۔ بعد اوسکے ارادا مرہٹوں کا طرف فرخ آباد کے کیا نجیب الدولہ بہادر نے نواب ضابطہ خان خلف الصدق اپنے کو ہمراہ دکھنیوں کے کیا، ساتھ تاکید کہا تم معرفت اپنے معاملہ نواب احمد خان بنگش کا فیصل کرو اور القصہ نواب ضابطہ خان معہ دکھنیوں کے طرف فرخ آباد کے کوچ کیا۔ قضا کار نجیب الدولہ بہادر نے اوسی بیماری سے بیرون ہاپڑ کے اس عالم فانی سے طرف عالم ہمیشگی کی رحلت فرمائی، تابوت نواب مرحوم کا نجیب آباد میں آیا۔ دفن کیا یہ خبر مرہٹوں نے سنی اور بہت خوش ہوئے۔ ارادا کیا نواب ضابطہ خان کو پکڑنا چاہیے تکوجی مرہٹہ نبیرہ راو ملہار کا نواب موصوف سے خوف سے دلی دوستی رکھے تھا بطریق ماتم پرسی کے آیا افسوس کیا بعد اوسکے کہا اب چلنا تمہارا شکرتال کون صلاح ہے غرض تکوجی معہ تیس ہزار مرہٹوں کے نواب ضابطہ خان کو معہ فوج داخل شکرتال میں کیا۔

(بادشاہ شاہ عالم کی دہلی میں واپسی اور روہیلوں سے جنگ)

انہیں دنوں میں حضرت شاہ عالم بادشاہ غازی نے طرف مشرق کے سے تشریف بخش فرخ آباد کے ہوئے۔ ضبطی نواب احمد خان مرحوم کی کری۔ نواب مظفر جنگ خلف احمد خان مرحوم کے کو بدستور سرفرازی بخشی، بعد اس کے دائرہ دولت و اقبال حضرت ظل سبحانی کا معہ تین لاکھ سوار دکھنی سندھیا جی اور تکوجی، پیشوا جی [1] کے قریب شکرتال کے رونق بخش ہوا چھ مہینے تیئں جنگ توپ رہکلہ کے ضابطہ خان کے ساتھ رہی۔ آخر الامر ایک روز نجف خان چالیس ہزار سوار مرہٹہ سے گھاٹ تہیہ کے پایاب گنگا کی۔ حملہ کیا اس طرف ضابطہ خان کی سے دریا کے کنارے نواب افضل خان، نواب صادق محمد خان، نواب سعادت خان، کرم خان رچھڑ، محمد خان رچھر اور پائندہ خان رچھر، تعینات تھے خوب لڑائی صف جنگ کی ہوئی۔ سعادت محمد خان، محمد صادق خان، کرم خان رچھر مارے گئے۔ نواب افضل خان زخمی ہوئے اور باقی فرار ہوئے یہ خبر ضابطہ خان کو پہنچی۔ نواب فیض اللہ خان بر سبیل مدد کے شکرتال میں تھے ضابطہ خان کو صلاح دی بالفعل لڑائی بگڑی۔ آپ (کا) یہاں سے طرف رام پور کے چلنا صلاح ہے نواب ضابطہ خان اور نواب فیض اللہ خان ہاتھی پر سوار ہوئے طرف رام پور کے تشریف لائے کلو خان، ملھو خان، نواب امان خان، فیض اللہ خان، عبداللہ خان، با دونوں فرزند نواب سلطان خان کے اور قبائل سب پٹھان سرداروں کے پتھر گڑھ میں رہے خود حضرت ظل سبحانی نے معہ افواج مرہٹوں کے رونق بخش نواح نجیب آباد کے ہوئے، دس پانچ روز جنگ

---

[1] ۱۷۷۲ء میں پیشوا دہلی نہیں آیا تھا۔ یہاں رستم علی بجنوری سے غلطی سرزد ہوئی ہے۔

توپ رہکلہ کی رہی۔ آخر الامر عبدالقادر خان نواب امان خان کلو خان، ملھو خان وغیرہ قلعہ پتھر گڑھ سے نکلے، ملازمت حضرت ظل سبحانی کے حاصل کری قلعہ خالی ہوا۔ قبائل نواب ضابطہ خان کے اور سب پٹھانوں کے حوالات پیشوا جی کے ہوئے حضرت خود بدولت و جلالت نے شاہجہان آباد کو زینت بخشی۔ مرہٹہ ملک کیتھر میں ہر دوار تیئں (تک) قابض متصرف ہوئے حافظ رحمت وغیرہ روہیلہ چلکیامین معہ اسباب قبائل کے داخل ہوئے آخرالامر سردار روہیلوں نے معرفت نواب شجاع الدولہ بہادر کے دکھنیوں کے ساتھ تیرہ لاکھ روپیہ پر تصفیہ پایا دریا گنگ کو پار اوترے ارادا دکھن کا کیا اوس ضمن میں تکوجی نے نواب ضابطہ خان کو لکھا اگر مرضی تمہاری ہو اور نذرانہ سرداروں دکھنیوں کا دو بدستور خدمت امیر الامرائی معہ جاگیر سہارنپور کے خلعت بادشاہ شاہ عالم غازی سے دلوا دیا جائے ضابطہ خان بہت خوش ہوا بعد سوال جواب کے معرفت تکوجی کے، سترہ لاکھ نذرانہ قبول کیا، ضابطہ خان لشکر مرہٹوں کے میں جا شامل ہوئے۔ پیشوا جی، سندھیا جی مرہٹوں نے بموجب قول عہد کے عرضی حضور والا حضرت ظل سبحانی کے ارسال رکھی، ضابطہ خان نے شامت قسمت کے سے بے ادبی کی تھی۔ سزا پائی امیدوار بخشش کا ہے حضور معلیٰ میں قبول نہ ہوا ایک روز تمام فوج مرہٹوں کی معہ سرداروں کے اوپر قلعہ بادشاہی کے معہ توپخانہ چڑھ آئی شاہ جہان آباد لوٹ نے (لٹنے) لگا، لاچار بادشاہ نے خطاب امیر الامرا بخشی الممالک نجیب الدولہ محمد ضابطہ خان بہادر ثابت جنگ سپہ سردار یار وفادار سند جاگیر سہارنپور کی معہ نجیب آباد وغیرہ محالات کے سرفراز کیا دکھنی متوجہ دکھن کے ہوئے۔

(حافظ رحمت خان کی شجاع الدولہ اور انگریزوں سے جنگ)

نواب شجاع الدولہ بہادر معہ کرنیل صاحب والا مناقب چاپ مین صاحب بہادر کے بارادہ جنگ کے حافظ رحمت خان وغیرہ سردار کیٹھر کے متصل کھیڑہ کمال زئی کے آڈیرہ کیا۔ نواب ضابطہ خان بھی حسب ازطلب نواب وزیر کے چھری چار ہزار سواروں رفاقت نواب شجاع الدولہ کے میں حاضر ہوئے۔ نواب وزیر بدستور عہدوں کے ایک منزل بطریق استقبال کے نواب ضابطہ خان سے ملاقات کی۔ اوس وقت نواب وزیر نے حافظ رحمت خان کو لکھا (کہ) لاکھ روپیہ بابت نذرانہ مرہٹوں کے ضامنی ہماری سے واجب الادا ہیں۔ بہتر ہے جلد بھجوایئے والانہ خود میں بھی پہنچتا ہوں۔ حافظ رحمت خان نے سب سردار روہیلوں کو کہا: بہتر ہے فکر روپیوں کا کیجئے یا ارادہ لڑائی کا سبھوں نے در جواب دیا ہمارے پاس پیسا (پیسہ) نہیں مگر البتہ لڑائی میں ہم سب شامل ہیں۔ حافظ جیو نے فاتح خیر پڑھی، متصل الہی کھیڑہ کے جاڈیرا کیا۔ اور سردار روہیلہ جیسے نواب فیض اللہ خان (و) نواب احمد خان خلف بخشی سردار خان کا اپنی اپنی جمعیت سے علیحدہ علیحدہ جاپڑے۔ سوائے حافظ رحمت خان کے سب روہیلہ نواب وزیر سے پوشیدہ خط خطوط سے مل رہے تھے۔[۱]

۱۔ سردار خان بخشی کو داود خان نے ملازم رکھا تھا۔ یہ روہیلوں کے مکاکال زئی قبیلہ سے متعلق تھا۔ علی محمد خان نے اسکو اپنی فوج میں بخشی کے عہدہ سے سرفراز کیا تھا۔ حافظ رحمت خان کے زمانہ اقتدار میں بھی اس کا بخشی کا عہدہ اسی کے پاس رہا۔ اینگلو روہیلہ جنگ سے قبل سردار خان سوسال کی عمر پا کر مر گیا۔ نواب دوندے خان اور دوسرے پرانے روہیلہ سردار بھی مر چکے تھے۔ ان کی جائدادیں (یعنی جاگیریں) حافظ رحمت خان نے اپنی مرضی کے مطابق یا تو ان کے مختلف بیٹوں میں بانٹ دی تھیں یا پھر بڑے بیٹے کے پاس رہنے دی تھی۔ اس سے سرداروں کے بیٹے حافظ رحمت خان سے ناراض ہو گئے تھے اور درپردہ شجاع الدولہ سے مل گئے تھے۔ دیکھئے: گلستان رحمت، ورق ۱۵۵ اب تا ۱۴۴ اب۔

صاحب والا مناقب کرنیل چاپ مین بہادر نے نواب وزیر سے پوچھا لڑائی ان کی کس ڈول سے ہے نواب وزیر نے در جواب دیا سواران کا کام نہیں، پیادہ خوب لڑتا ہے پیٹ کے لیٹ کے بندوقیں چلاتے ہیں۔ صاحبان عالیشان نے رات ہی سے تیاری کی۔ اجنٹو (ں) صوبہ داروں کو حکم تیاری پلاٹن کا ہوا۔ تیاری پلاٹن کا کیا تعریف کچی سنگین بہتر گلہ بندوق پر اس طرح چمکتی تھی کہ آگے اوسکے برق شرمندہ تھی۔ ستارہ نقرہ پگڑیوں مور پنکھی پر یون روشن تھے اوپر ان کے آسمان ستاروں اپنوں کون قربان کرتا تھا۔ آرایش پلاٹن کی نیلی پگڑی سرخ بانات کی کرتی گویا کہ صانع قدرت کے نے صدروئین رنگ آمیزی کی آراستہ کری ہیں غرض کہ اسی آرایش سے پلاتن معہ توپ خانہ کے مفاصلہ زد توپ کے مقابل ہوے، توپ خانہ چلنے لگا، پارہ چڑھتے تھے، زمین ہلتی تھی، آسمان دمکتا تھا، مغز شنوندہ کے پھٹتے تھے۔ ارادا چھوڑنے نے تن کا کیا تھا، دن سے رات ہوگئی، شناخت اپنے بیگانے کی نہ رہی۔ اوس ضمن میں ایک گولا توپ کا حافظ رحمت خان کے لگا جان پاک خدا کو سونپی باقی سردار ہمراہ نواب فیض اللہ خان طرف لال ڈانگ دامن کوہ کے آئے نواب وزیر نے جب فتح حافظ رحمت خان کی پائی نواب ضابطہ خان سے ملاقات میں آنکھیں چراتے تھے بلکہ درپے پکڑنے کے۔ نواب ضابطہ خان کے اوپر یہ احوال معلوم ہوا۔ بہ حکمت عملی پنجہ نواب وزیر کے سے نکلے ہمراہ نواب نجف خان بہادر کے شاہ جہان آباد پہنچے۔

نواب وزیر نے ضبطی اموال حافظ رحمت خان مرحوم کی بریلی پیلی بھیت وغیرہ (میں) اور ضبطی آنولہ بسولی کی کی اور پھر طرف نجیب آباد کے معہ فوج صاحبان عالیشان کرنل چاپ مین وغیرہ کے تشریف لائے۔ نواب ضابطہ خان

کولکھا۔[۱] روہیلہ ہمراہی فیض اللہ خان اور متعین پتھرگڑھ وغیرہ کے معلوم نہیں۔ پس بہتر ہے آپ بلوا لیجئے بعد تصفیہ فیض اللہ خان کے پھران پرگنوں میں بدستور آدمی بھیج دیئے جو جواب نواب ضابطہ خان نے موافق لکھے، نواب وزیر کے پتھرگڑھ وگیرہ محالات سے قبایل فوج روہیلوں کی بلوا بھیجی۔ بعد کتنے ایک کے قطع قمع جنگل کا توپ خانہ صاحبان عالیشان کا مقابل لال ڈہانگ کے پہنچا گولہ چلنے لگا، آخرش فیض اللہ خان معرفت صاحب والامناقب کرنل چاپ مین بہادر کے نواب وزیر سے ملا۔ رام پور شاہ آباد وغیرہ پرگنے جمع اکیس لاکھ روپیہ کے مقرر ہوئے۔ نواب وزیر قضا کار بیمار تھے محمد بشیر خان بہادر کو ملک کیٹہر میں ناظم مالک مختار چھوڑا خود بدولت وہ فیض آباد میں پہنچے بیماری غالب آئی۔ معلوم کیا اس بیماری سے جان بری مشکل ہے آصف الدولہ کو اور سب سرداروں کو بولایا وصیت کی کہ تم راہ دوستی کا بہ دل وجان سے انگریز بہادر سے رکھیو، یہ فرمایا سب اسے الوداع بولے اس عالم ناپایدار سے طرف دارالقرار کے رحلت فرمائی ہم مجلس ملایکون کے ہوئے۔ خلعت منصب وزارت کا حضور پرنور اقدس اعلیٰ آصف الدولہ بہادر کو معہ خطاب عمدۃ الملک مدارالمہام وزیر الممالک برہان الملک آصف الدولہ اور آصف جاہ شجاع الدولہ شجاع الملک ابوالمنصور خان بہادر صفدر جنگ سپہ سالار وفادار شیر ہند یحییٰ خان بہادر جنگ فدوی شاہ عالم بادشاہ غازی بدستور بندوبست وزارت کا قایم رہا۔

---

[۱] طہماس بیگ خان اس جنگ میں شریک تھا بحیثیت نجف خان کے ملازم کے۔ اسکے مطابق ضابطہ خان شجاع الدولہ کے ساتھ تھا اور سمجھتا تھا کہ حافظ رحمت خان کے بعد کیٹھر کا علاقہ اسکو مل جائے گا لیکن فتح کے بعد شجاع الدولہ نے دھوکہ دیا۔ طہماس بیگ خان لکھتا ہے: ونواب ضابطہ خان از نواب شجاع الدولہ کہ دراوایل آن وعدہ جاگیر ومروت ہا کردہ بودند، درخواست کرد۔ نواب موصوف صاف جواب داد کہ شما بوقت آمدن این صوب دراثناء راہ باہمہ سرداران افغانان متفق شدہ دسلسلہ یک جہتی ہا ویکدلی ہا خود مستحکم نمودہ آمدہ بودید، برمن ہمہ معلوم است۔ لاچار نواب جابطہ خان از اوشاں مرخص شد۔ القصہ بہ اتفاق نواب ذوالفقار الدولہ درآنجا کوچیدہ درچند روز بشاہجہان آباد رسیدند۔ دیکھئے: طہماس نامہ، ص ۳۰۶۔

اشاریہ

اشخاص

الف

ب

پ

اماکن

الف